나를

지우는

말들

나를
지우는
말들

연수 지음

나를 나로 살 수 없게 하는
은밀하고 촘촘한 차별

나를 지우는 말들

초판 1쇄 인쇄 2023년 9월 1일
초판 1쇄 발행 2023년 9월 8일

지은이 　　연수
기획편집 　이도영
디자인 　　육일구디자인

펴낸이 　　이도영
펴낸곳 　　이르비치
등록 　　　2022년 1월 5일(제2022-000006호)
주소 　　　경기도 파주시 회동길 145 아시아출판문화정보센터 전시정보동 202호
전화 　　　010-5904-1674
팩스 　　　031-8056-9393
이메일 　　shinepub@naver.com
인스타그램 shinepub_dy

인쇄제본 　예림인쇄
종이 　　　올댓페이퍼

ISBN 979-11-982538-0-4　03330
　　　979-11-982538-1-1　05330 전자책

누군가의 삶을 바꾸는 시작은

거대한 담론의 전환이 아니라

일상 속의 사소한 변화다.

출판사로 보낸 원고 내용이 불과 몇 주 사이에 옛날 애기, 과거의 이야기가 될 때가 있었습니다. 그럴 때마다 이미 보낸 글을 대폭 수정해야 할지 심각하게 고민했습니다. 그만큼 한국 사회는 인류가 기록을 시작한 이래 그 어떤 시대와 국가보다 빠르게 변해왔지만, 딱 그만큼 견고하고 고집스럽게 혐오와 차별을 놓지 못하고 있습니다.

이 책은 한국 사회가 완강하게 붙들고 있는 문제 중

일부분을 이야기한 결과물입니다. WNC 인스타그램에 이미 게시된 주제도 있고 그렇지 않은 글도 있습니다만, 모든 이야기는 저와 당신의 삶을 비춘 모습이라고 믿습니다.

본문의 모든 목차는 대한민국에서 여성으로 태어나 살아오면서, 사회구성원의 일부로, WNC에서 활동하면서 제가 직접 들었던 질문과 말들입니다. 그런 순간을 마주할 때마다 궁금했습니다.

"나는 왜 이런 말을 듣는 대상이 되었을까? 그리고 왜 남자인 내 동료는 이런 질문들에서 자유로울까?"

질문에 대한 답을 고민하다 보니 어느새 책 한 권이 완성되었습니다. 평범한 여성인 제 삶에서 책 한 권 분량의 '이상한 질문들'을 건져냈다는 건 어떤 의미일까요.

본문에서 언급한 이야기들이 말도 안 되는 소리라고, 글이 지나치게 급진적이고 과격해서 읽기 거북하다고 생각하는 분이 계실지도 모르겠습니다. '지금이 쌍팔 년도도 아니고, 우리 어머니들이 살았던 시대라면 모를까, 요즘 젊은 여자들은 조금도 손해 보려고 하지 않고 희생정신이 없으며 대체로 이기적이다'라는 생각을 한 번이라도 하셨다면, 이미 여성들이 희생의 역사를 살아 왔음을 인정하는 것과 마찬가지입니다. 이전 세대의 아픔을 다음 세대가 반복하지 않으려고 애쓰는 것은 역사의 당연한 흐름입니다. 현재의 사회를 유지하기 위해 과거의 차별과 혐오를 답습해야 한다면 그 사회가 존재할 이유는 어디에 있을까요? 이런 것들의 부당함을 인식하고 세상을 바꿔야 한다고 말하는 목소리가 불편하게 들린다면, 대단히 유감스럽습니다.

차별은 우리 생각보다 훨씬 더 깊고 촘촘하며 은밀하게 우리의 일상에 스며들어 있습니다. 그 일상의 일면을 수면 위로 올려 차별이라고 인식하는 것, 문제라고 받아들이는 것, 그래서 주변 사람들과 이것을 바꿀 필요가 있다고 이야기하는 것이 변화의 시작인 것 같습니다.

모든 사람이 각자의 삶을 평등하고 행복하게 살 수 있기를 소망하며 삶으로서 신념을 증명하고 계신 선배와 동료 활동가분들께 존경과 감사를 표합니다. 변화의 선두에서 서늘한 눈초리와 날 선 말들을 온몸으로 막아

내며 지킨 자리에 새로운 평등이 자리 잡을 것입니다.

중간중간 방향을 잃고 갈팡질팡하며 쓰고 고치고, 다듬고 이어붙인 글이 세상에 나올 수 있게 해주신 이르비치 이도영 대표님께 감사드립니다. 이르비치의 발걸음에 동행할 수 있어서 큰 기쁨이고 영광입니다.

삶과 사람을 사랑할 수 있도록, 희망을 포기하지 않도록 지금의 저를 만들어 준 가족과 친구들과 동료들, 그중 가장 큰 응원단이었던 현주와 책의 목차에 귀한 아이디어를 제공해 준 한준희 선생님께 감사를 전합니다.

제가 알고 이해하며 느끼는 모든 것들에 이름 붙일 언어를 알려주신 스승님들께 더없는 존경을 표합니다. 그리고 이 순간에도 키보드에 길게 누워 제 팔을 베개 삼고 있는 고양이 몬트에게도 사랑을 전합니다.

짜내고 짜내도 글이 써지지 않던 어느 날, 책장을 뒤적이다가 2015년 12월에 쓴 일기를 찾았습니다. 저는 당시 「한겨레21」을 정기구독하고 있었는데, 1091호의 편집장 후기를 인상 깊게 읽고 필사해 둔 흔적이 있더군요.

"원래 글은 행복이 아니라 슬픔의 편이다. 행복한 자는 글 쓸 이유가 없다. 상실하여 슬프고, 갈등하여 흔들리며, 버둥대다 지친 사람이 토악질하듯 써대는 게 글이다. 그렇게 자기치유를 위해 쓴 글은 또 다른 슬픈 개인에게 가닿아 그를 위로한다. 개인적인 것에서 출발해 사회적인 것에 이른 글은 슬픔을 위로하는 교감의 도구이며, 그래서 연대의 무기다."

필사해 둔 글 밑에 그 당시 소감도 적어두었습니다.

"글은 이렇게 쓰고 싶다. 적당히 무관심하고 적당히 건조한 듯하지만 삶과 사람에 대한 사랑이 없으면 나올 수 없는 글. 개인의 감정과 사건을 엮어가기보다 그것을 말미암아 세상을 조금 더 나은 곳으로 바꿀 수 있는 힘을 가진 글."

글을 쓰면서 즐겁고 신났던 순간도 있었지만, 분노에 꽉 막혀있던 울분이 '글'이라고 할 수 없는 형태로 쏟아지던 적도 있었습니다. 쏟아진 분노를 겨우 활자화하며, 이제는 제발 변화의 순간이 찾아오길 바랐습니다. 그런 마음을 담아 쓴 이 책이 세상을 조금 더 이롭게 바꿀 수 있기를, 그래서 당신의 일상이 자유로워지기를 진심으로 바랍니다.

2023년 여름

연수 드림

차례

- 여학교 앞에 바바리맨 없는 게 더 이상하지
- 용모단정한 분만 지원해주세요
- 이거 다 못 먹죠? 좀 덜어갈게요
- 팔자 센 딸? 절대 안 돼!
- 아드님 안 계세요? 따님은 상주(喪主) 못 해요

1.
일상의 기습

여학교 앞에
바바리맨 없는 게 더 이상하지

"혼자 사는 험한 60대 할아베 아이 낳고 살림 할 희생 종하실 13세~20세 사이 여성분 구합니다. 이 차량으로 오서요."

2022년 봄, 대구의 한 학교 앞에 이런 현수막을 단 트럭이 등장했을 때 사람들은 경악했다. 학생들이 피해를 볼까봐 교사들이 경찰에 신고했는데, 경찰은 이 트럭의 주인인 60대 남성을 현장에서 입건하지 않고 훈방 조치를 한 모양이었다. 그 남성은 잠시 뒤에 다른 학교 앞에 나타나 똑같은 현수막을 게시했다. 결국 경찰은 이 사람을 현행범으로 체포한다. 이후 법원에서는 여러 이유를 들며 구속영장을 기각했는데, 경찰은 재범을 우려해 지자체와 협의하여 이 남성을 정신병동에 행정입원 처리한다. 그로부터 약 1년 후인 2023년 4월 13일, 이 남성에게 선고가 내려졌는데 징역 10개월에 집행유예 2년, 보호관찰 및 2년간 신상정보 공개와 5년간 아동·청소년 관련기관, 장애인복지시설 취업제한 명령이 전부였다. 같은 달 19일 대구지검이 양형을 이유로 법원에 항소장을 제출했고, 이 사건은 아직도 현재진행 중이다.

　정신이 온전치 않은 상태인 것을 감안해 내린 선고라는데, 너무 약한 수준이라고 느껴지는 건 나만의 생각일까. 충격적이고 화가 나는 소식임에도 크게 놀랍지 않았다. 내가 학창 시절에 보고 듣고 경험했던 이야기와 달라진 점이 별로 없었기에.

　나는 여중·여고를 다녔다. 여학생들만 있으니 '잔잔한 분위기'일 거라고 생각하는 사람들이 있는데, 여자고등학교의 일상은 생각보다 박진감 넘쳤다. 남고나 남녀공학도 이와 비슷한지는 잘 모르겠지만, 여고 주변에는 잊을만하면 바바리맨이 출몰했다. 속옷 도난은 말할 것도 없고, 기숙사 공동 세탁기 안에 남성이 숨어 있다가 발각된 적도 있었다. 교문을 나오던 학생을 승합차에 태워 유괴하려던 남성도 있었는데, 끌려갈 뻔했던 학생이 기지를 발휘해 탈출한 적도 있다고 했다. 선생님은 이런 엄청난 사건들을 말해주며 학교 앞에 파출소가 있어서 얼마나 다행이었는지 모른다고, 언제 어디서 위험이 닥칠지 모르니 '너희들이 조심하라'고 말씀하셨다. 불행 중 다행히 인명 피해는 없었다지만, 경찰에 잡혀간 '바바리맨'과 '세탁기남'이 어떤 처벌을 받았는지 아는 사람은 없었다.

'현수막 트럭남' 뉴스를 처음 접했을 때 나의 학창 시절이 떠올랐다. 그래서 조금 슬펐다. 강산이 한 번 바뀌는 시간 동안 여학교는 여전히 크고 작은 범죄에 취약한 공간으로 남아 있다는 사실을 확인했으니까.

학교 기숙사 혹은 탈의실에서 여학생들의 속옷이 없어지는 일은 생각보다 흔하다. 2009년에도 서울대학교 기숙사에서 속옷을 도둑맞은 여학생이 대자보를 붙여 화제가 된 적이 있었다. '바바리맨'은 또 어떤가. 알몸에 '바바리만' 걸치고 여중이나 여고 앞에서, 여학생들을 대상으로 음란행위를 일삼던 노출증 환자들. 특정 의복을 착용하는 사람들뿐만 아니라, 대놓고 자위행위를 하다가 목격되는 사람도 흔했다.

이렇듯 일반적으로 동등하지 않은 대상에게, 혹은 상대방의 의지와 상관없이 성적 욕망을 표출하는 사람들을 성도착증 환자라고 정의한다. 이런 측면에서 여학교 앞의 바바리맨과 현수막을 건 남성은 다르지 않다. '교복을 입은 미성년의 여성'이기 때문에 범인에게 대항하거나 신속히 신고하지 못할 것이라는 전제하에 성범죄를 저지르는 이들이다. 지금에야 이들이 성범죄자라는 것을 많은 사람이 알고 있지만, 내가 고등학교에 다닐 때만 해도 '미친놈'으로 치부되는 데서 그쳤고, '여학교니까 그럴 수 있다'는 말로 유야무야됐다. 끈질긴 추적 끝에 범인이 잡혔으며 앞으로 이런 일이 일어나지 않게 조처했다는 소식도 듣지 못했다. 여학생들은 '알아서' 그들을 피해 다니는 게 상책이었다.

학교, 특히 '여학교'에서 외부인으로 인해 일어나는 사건과 범죄의 양상은 다양하지만, 몇 가지 공통점이 있다. 사소해 보일 수 있지만 방치했을 때 끔찍한 사건으로 번질 수 있는 '은밀한' 일들이라는 것, 비접촉 범죄가 대부분이기 때문에 구속으로 이어지는 경우가 극히 드물다는 것이다. 또한 유사한 일들이 반복된다는 것은 이와 연관된 사회적 맥락이 있으며, 과거부터 시행했던 예방책이 효과가 없었다는 명백한 증거다.

이런 문제를 심각한 일로 인식하지 않는 데에는 미디어의 책임도 일부 있다. 15세 관람가의 예능프로그램이나 영화에서는 바바리맨이 범죄자는커녕 웃음을 유발하는 캐릭터로 등장한다. 바바리를 입은 남성이 나타나 재킷을 한껏 열어젖히면 그걸 본 여성은 혼비백산하며 도망친다. 그런 여성을 바라보는 바바리맨의 음흉한 표정이 클로즈업되며 관객의 웃음을 유도하는 식으로. 어디서 웃어야 할지 도무지 알 수는 없지만 이런 유형의 개그는 꽤 오랫동안 미디어에 노출되어왔다. 그걸 본 15세 관람자들은 '바바리맨'을 어떤 사람으로 인식하게 될까.

학생들이 우리 사회의 미래라고 입으로만 외칠 것

이 아니라, 이들이 안전한 환경에서 안심하고 미래에 집
중할 수 있도록 돕는 게 우선 아닐까?

용모단정한 분만
지원해주세요

채용시장과 구직시장이 모두 얼어붙었다고 말하는 요즘이다. 회사에서는 뽑을 사람이 없다고 난리인데, 정작 일자리를 구하는 사람은 그 말을 체감하기 어렵다. 직장은커녕 아르바이트 구하는 것도 하늘의 별따기다. 눈을 낮추면 된다고 쉽게 말들 하지만, 눈을 낮추는 것과 나의 존재와 신념을 부정하는 것은 다른 문제다.

나도 '요즘 애들'이라 학부와 대학원 석사 졸업장은 수천만 원의 학자금대출과 맞바꾸어 얻어냈다. 지방에 본가를 두고 서울 소재 사립대학교에 다니는 학생들 대부분은 아르바이트로 생활비를 번다(아르바이트의 목적이 등록금+생활비인 경우도 있다). 그 돈으로 자취방 월세도 내고 학교 안팎에서의 생활을 유지하는 것이다. 그러다 보니 나의 경우만 해도 해본 아르바이트의 종류가 들쭉날쭉하다. 이력서에 '경력'으로 기재하기에는 애매한 경험들이지만 나의 건강보험자격득실확인서는 직장보험과 지역보험을 자주 넘나들어 그 숫자가 세 장이 넘어간다. 식당에서 서빙을 했고, 미스터리 쇼퍼도 해보고, 미개봉 영화 시사회 평가단으로 활약한 적도 있다. 중고등학생에게는 국어, 영어, 사회를 성인에게는 토익을 대면 혹은 화상으로 가르치기도 했었다. 크고 작은 번역 일도 맡았고 카페 아르바이트는 말할 것도 없다. 그 중에서도 '서비스직' 그러니까, 다른 사람에게 나의 기술이나 행위의 결과를 제공하는 업종에서 일하려면 반드시 통과해야 하는 관문 같은 게 있었는데 바로 '용모단정'이었다. 제품 만드는 실력도 아니고, 제품 관련 지식도 아닌 용모. 게다가 단정하기까지 한.

예전에 바리스타를 구한다는 채용공고를 보고 동네 카페에 지원한 적이 있었다. 이력서를 내고 얼마 후 서류

절차에서 합격했으니 면접을 오라 해서 단정하게 입고 찾아갔다. 카페에 들어가서 면접 보러 왔음을 밝히자 대 뜸 돌아온 대답이 "에구, 너무 뚱뚱하네"였다. 면접은 거 기서 끝났다. '용모단정'의 기준에서 어긋난다는 이유로 떨어진 것이다. 내가 가진 카페 아르바이트 경력과 바리 스타 자격증은 아무런 소용이 없었다(심지어 나는 실기 시험에서 만점을 받았었다). 커피에 쫀쫀한 우유 거품을 올린 완벽한 라테를 만들어 손님에게 낼 줄 알아도 '용모 단정'의 기준에 맞지 않으면 동네 카페에서조차 일할 수 없었다.

구인 공고 사이트 검색창에 '용모단정'을 입력하면 수십 건의 채용공고가 뜬다. '온라인 쇼핑몰 용모단정 한 여직원 모집' '예의 바르고 용모단정한 매니저 구합니 다.' '성별 무관, 주5일, 야간근무, 용모단정⋯' 내용을 제 외하고 공고 제목에만 '용모단정'이 포함된 결과이니, 자 격요건으로까지 확대하면 수십 건이 아니라 수백 건의 채용공고가 뜰지도 모른다.

여기서 말하는 용모단정은 위생과는 다른 개념이라

는 것을 짚고 넘어가자. 체취가 나지 않게 샤워하고 손발톱을 깨끗이 정돈하고, 옷을 말끔히 세탁해서 입는 등의 기본적인 위생 수준을 갖추는 것을 넘어서서 화장, 복장 등 소위 '손님 눈에 보기 좋은 모습'을 갖추는 것에 대해 이야기하는 것이다.

몇 년 전, 한 멀티플렉스 영화관에서는 여성 아르바이트생의 '보기 좋은 모습'을 '윤기 나는 붉은 립스틱을 바른 상태'로 정의했다. 특정 브랜드의 립스틱 호수를 정해주고, 딱 그 제품만을 발라야 한다고 규정한 곳도 있었다. 손톱은 단정히 정리하되 색깔 있는 매니큐어를 바르면 안 되고, 여성 아르바이트생은 짧은 단발머리도 실핀을 꽂아 어떻게든 머리망에 넣어야 했다. 관리자는 아르바이트생이 이런 모습을 유지하고 있는지 철저하게 감시했다. 이런 분위기와 규제는 과한 것 같다고 항의하면 '서비스마인드가 없는 사람, 서비스직에 맞지 않는 사람'이라는 피드백이 돌아온다.

카페 아르바이트부터 백화점 직원, 호텔리어, 승무원까지, 서비스직은 사람을 대하기 때문에 다른 사람들 눈에 보기 좋은 모습으로 꾸며야 한다는 이야기를 많이

들 한다. 그리고 이런 일을 하는 사람들, 특히 이런 일을 하는 '여성'들에게 요구되는 기준은 세세하고 촘촘하게 정해져 있다. 우리가 구매하는 서비스는 어디까지일까? 만 오천 원의 영화티켓 값에, 사천오백 원의 아메리카노 값에 그들의 풀 메이크업과 웃음까지 포함된 걸까?

이런 기준은 고객을 만나지 않는 직종에 종사하는 여성들에게까지 영향을 미친다. 민낯으로 회사에 출근하는 것은 예의가 없거나 용기가 넘치는 것이라는 말을 예로 들 수 있다. 온종일 나의 얼굴과 마주하는 것은 컴퓨터 화면인데도, 컴퓨터 화면에까지 '화장을 통해' 예의를 갖춰야 하는 것일까.

거의 모든 것들이 수요와 공급, 생산과 소비의 논리 아래 돌아가는 2023년의 한국 사회에서 모든 사람은 소비자의 정체성을 가진다. 우리가 새롭게 논의해 봐야 할 지점은 소비자가 돈을 주고 교환할 수 있는 서비스의 범위는 어디까지인지, 물건을 파는 사람에게 '손님이 봤을 때 보기 좋은 얼굴과 몸매'를 요구할 수 있는지일 것이다.

영화표를 정확하게 발권하고 손님이 들어가야 할

상영관을 알려주는 것은 해당 업무 담당자의 꼼꼼한 확인이지 모 브랜드의 특정 호수 립스틱이 아니다. 서비스와 재화에 대해 대가를 지불했다고 그것을 전달하는 이의 존엄까지 살 수는 없다. 제아무리 비싼 값을 치른다고 해도, 그래서는 안 된다.

이거 다 못 먹죠?
좀 덜어갈게요

아침에 일어나 휴대폰으로 기사를 검색하거나, SNS 트렌드를 쭉 훑어보면 기분이 나아지는 날보다 나빠지는 날이 조금 더 많다. 많은 사람이 수년간 쌓아 올린 노력을 정치인 한 명이 말 한마디로 어그러뜨리는 것을 본다거나, 표현의 자유라는 탈을 뒤집어쓴 혐오와 차별을 접할 때가 그렇다. 그런 순간을 마주하는 게 하루 이틀도 아닌데, 여전히 막막하고 압도되는 감각으로 다가온다. 집채만한 바위를 계란으로 깨야 하는 그런 기분.

이럴 때는 나와 비슷한 생각을 가진 동료들을 찾는

다. 각자 저마다의 계란을 가지고 각자의, 혹은 나와 같은 바위를 부수려고 애쓰는 사람들이 있고, 필요하면 그들과 함께 할 수 있다는 사실만으로도 위로가 된다.

문제는 내가 쥔 계란으로 깨부숴야 하는 대상이 바위가 아니라 같은 계란 혹은 계란보다 작은 메추리알일 때, 그런데 수가 아주 많고 어디 숨어있는지 알 수 없을 때다. 내 인생에 크게 문제가 될 것 같지는 않지만 잊을 만하면 어디선가 굴러 나와 발끝을 톡톡 건드리며 나의 길을 방해하는 것. 그러다 하나둘 쌓이면 내 인생에 크게 영향을 끼치게 되는 것. 일상에 교묘하게 숨어 있는 차별과 혐오는 이 메추리알 같다. 얼마 전 내가 마주한 메추리알 중 하나는 밥에 대한 이야기로 시작된다.

식당에 가면 메뉴판에 '여자 밥' '남자 밥'으로 구분된 공깃밥이 다른 양과 가격으로 제공되는 경우를 종종 볼 수 있다. 보통 여자 밥이 낮은 가격에 적은 양으로 제공된다. 혹은 양만 차이가 있고 가격은 똑같을 때도 있다. 그나마 명시라도 해놓으면 다행이다. 아무런 설명도 없이 여자 손님이 시킨 음식은 일부러 양을 적게 주는 식당도 제법 있다. 이런 식당들이 성별에 따라 음식의 양을 달리 제공하는 이유는 명확하다. 같은 양을 제공했을 때 여성들은 밥을 많이 남긴다는 것.

작은 체구의 여성이어도 2인분의 밥을 먹을 수 있고, 그 반대인 경우도 있다. 그런데 식당에 온 손님이 단지 '여성'이어서 밥을 남길 '가능성'이 높으니까 더 적은 양을 제공한다는 논리를 보통 '지나친 일반화의 오류'라고 한다.

백번 양보해서 그럴 수 있다고 치자. 음식물 쓰레기를 처분하는 데도 돈이 들고, 식당을 경영하는 입장에서 재료비를 한 푼이라도 줄이는 것은 중요한 일일 테니까. 그런데 여성으로서 그런 메뉴판을 보게 되면, 내가 주문하는 메인메뉴가 남성 손님이 주문할 때와 같은 양으로 나올지 의심부터 하게 된다. 또한 '오늘 몹시 배고프니 저는 남자 밥으로 주세요'라고 말했을 때 '여자분이 많이 먹네' 같은 핀잔(?)을 들을 것 같다고 생각하게 된다. 음식을 주문하는데 왜 이런 설명을 덧붙여야 하는지도 모르겠고.

2023년에 접한, 성별에 따른 음식량 논란은 전혀 새롭지 않다. 2017년 12월에는 "남성 직장 동료와 갈비탕을 먹으러 갔는데 식당 아주머니가 '이거 다 못 먹죠?' 하면서 국자로 국물과 고기를 덜어가려 했다. 비슷한 일을 일주일 사이 세 번이나 겪어서 불쾌했다."는 내용의 기사가 올라왔다. 2020년에는 '여성에게만 음식을 적게 주는 식당 리스트'가 SNS에서 공유됐다. 디테일의 차이가 있을 뿐, 이미 많은 사람이 겪어 온 일인 것이다.

같은 돈을 내면 동일한 수준의 서비스와 제품을 제공받아야 하고, 그럴 수 없다면 대가를 지불하는 당사자에게 이 사항을 고지해야 한다. 대가를 지불한 제품과 서비스를 어떻게 사용하고 처분할지 결정하는 것은 소비자의 몫이다. 음식을 남길 것 같으니 미리 덜어내는 것, 사용하지 않을 것 같으니 기능을 미리 제거하는 것이 고객을 위한 배려라고 할 수 있을까? 개인의 성향이나 상황을 알지 못한 채로 그저 눈에 보이는 '성별'에 따라 사전 고지 없이 모든 걸 판단하는 게 진심으로 손님을 위한 것이라고 볼 수 있을까?

정당한 대가를 지불하고 재화와 서비스를 구매할 때

조차 여성은 '소비자'로서의 정체성보다 '여성'으로서의 정체성으로 먼저 대우받는다. 그리고 그 대우는 대부분 좋지 못하다. 이런 현상을 핑크 택스Pink Tax라고 부른다. 핑크 택스의 기본적인 정의는 성능과 기능이 동일한 제품이더라도 여성을 대상으로 하는 제품이 더 비싼 현상을 말한다. 핑크 택스가 '핑크'인 이유 또한 대부분 여성용 제품이 분홍색인, 유구한 성별 고정관념을 비판하는 데서 유래되었다. 최근에는 여성을 주 소비자로 하는 제품 혹은 서비스의 가격이 더 비싼 현상을 전반적으로 이르는 말로 의미가 확장되었다.

한국을 기준으로 여성이 남성보다 평균 30% 정도 돈을 덜 버는데, 여성이 사용하는 제품과 제공받는 서비스는 더 비싸다. 오늘내일의 일이 아닌 수십 년 전부터 지적되어 온 세계적인 현상이다. 미용실에서 남자 커트와 여자 커트의 가격이 다른 것은 많은 사람이 알고 있는 사실이다. 여성이 남성과 똑같은 투블럭 숏컷을 요구할 때도 여성의 커트 가격이 더 비싼 경우가 많다. 우리나라 사람들의 머리 길이가 성별에 따라 달라진 것은 그리 오래되지 않았다. 1895년 단발령 시행 전까지 우리나라는 남녀 할 것 없이 머리를 기르고 다녔는데도, 남성은 짧은 머리를 할 것이고 여성은 긴 머리를 할 것이라는 선입견은 꽤 공고하게 자리 잡은 것 같다.

만 번쯤 양보해서 여성들이 쓰는 제품과 서비스가 남성들을 대상으로 한 것보다 비싸도 된다고 '가정'해보자. 여성 소비자는 남성 소비자보다 눈이 높고 까다롭게 소비재를 고르기 때문에 여성을 타깃으로 한 제품을 생산하는데 상대적으로 원가가 더 많이 들고, 그래서 소비자도 상승할 수밖에 없을지도 모른다. 그런데 정작 여성이 비싼 돈을 주고 구매한 제품과 서비스의 품질이 훨씬 뒤떨어지는 경우도 허다하다. 특정 브랜드에서 출시된 티셔츠의 마감, 바지 주머니 유무, 재킷 안주머니 유무 등이 여성용이냐, 남성용이냐에 따라 차이가 있다는 지적은 의류 업계에서 꾸준히 제기되어 왔다.

이것과 얽혀 있는 또 다른 문제는, 여성들의 평균 임금이 남성보다 훨씬 낮다는 것에 있다. 한국 사회에서 기업은 평균적으로 남성보다 여성에게 31% 적은 임금을 준다. 그리고 더 적게 버는 사람이 더 비싼 제품을 살 수밖에 없는 사회경제적 구조는 여성을 점점 더 가난하게 만든다.

핑크 택스의 영역은 소비재와 식품에만 국한되지 않는다. 여성들이 반드시 써야 하는 월경용품에 세금을 붙이는 것은 그 자체로 핑크 택스다. 2010년 중후반 일회용 월경대 안전성이 크게 떨어진다는 언론의 보도 이후 월경용품을 해외에서 '직구'하는 여성들이 대거 늘어났다. 요즘은 삽입형 월경대인 탐폰뿐만 아니라 월경팬티, 월경컵, 월경디스크 등 다양한 월경용품이 국내외에서 출시되어 여성들의 선택지가 한층 더 확대되었지만, 세계적으로 이 제품들에는 일반 소비재와 동일한 부가세가 붙거나 그 이상의 세율을 매기는 경우도 있다. 대한민국은 한국여성민우회의 노력으로 2004년에 월경대에 붙는 부가세가 폐지되었지만, 월경대의 장당 가격이 세계에서 가장 높은 수준이라 꾸준히 비판받고 있다. 또한 여성들이 안전한 삶을 영위하기 위해 추가로 소비하는 방범용품, 보안서비스 등도 핑크 택스의 영역으로 보기도 한다.

여자로 사는 것이 남자로 사는 것보다 절대적으로

돈이 더 든다고 말하고 싶지는 않다. 화폐단위 따위로 환산될 수 없는 개인의 고유하고도 독특한 삶의 궤적이라는 것이 분명히 존재하니까. 하지만 사회를 유지하는 보편적인 체제의 기준에서 바라봤을 때, 경제적으로도 여성들이 차별받고 있는 요소가 존재하는 것은 사실이다.

우리의 일상에 꼭 필요한 물건과 삶을 영위하는 데 반드시 필요한 서비스와 기술에도 여성에 대한 차별은 너무나 투명하게, 그렇지만 견고하게 자리 잡고 있다. 이런 것들이 나의 메추리알이다. 먹는 거로 차별하는 게 제일 서럽다고들 하는데, 이와 비슷한 일들이 일상 구석구석에 숨어 있어서 어떻게 해야 해결할 수 있을지, 해결할 방법이 있기는 한지 허망한 마음마저 들 때가 있다. 그럴 때는 이 이야기를 떠올린다.

누군가의 삶을 바꾸는 것은 거대한 담론의 전환이 아니라 일상 속의 사소한 변화라고. 그래서 우리는 우리가 입고 먹고 쓰는 것부터 하나씩 바꿔나가면 된다고. 눈앞에 보이는 메추리알을 하나씩 주워 들고 나면, 거대한 바위를 쳐내는 힘이 더욱 강해질 거라고.

팔자 센 딸?
절대 안 돼!

　나는 1994년에 태어났다. 육십갑자로 따지면 갑술년생이고 푸른 개의 해다. 개띠 연도에 태어난 사람들은 대체로 숨기는 것이 없고 활달하다. 정이 많고 책임감 있으며 용감하다. 딱 인간의 입장에서 바라보는 개의 특징인 것 같다. 육십갑자의 구조 자체가 열 개의 천간(갑, 을, 병, 정, 무, 기, 경, 신, 임, 계)과 열두 개의 지지(자, 축, 인, 묘, 진, 사, 오, 미, 신, 유, 술, 해)를 조합해 나오는 것이고 음양오행의 개념이 들어가 있는 데다 지지에는 동물의 물상을 붙인 것이다. 그러니 인간이 바라보는 동물의 특징과 경향성이 매년 태어나는 아이들에게 꼬리표로 붙는 것도 크게 이상한 일은 아니다.

좀 더 구체적으로 알고 싶어서 포털사이트에 '개띠 여자 특징'을 검색했다. 띠별로 남성과 여성이 어떻게 다른 성격을 가졌는지, 어떤 띠와 상극인지, 그래서 일생을 어떻게 살아가게 되는지 구구절절 설명해 놓은 블로그와 기사를 정말 많이 찾아볼 수 있었다. 살펴본 내용을 대강 서술하자면, 개띠는 평생 열심히 일하는데 노력한 것에 비해 수확이 적은 편이란다. 94년생 남성들은 대체로 운명적인 사랑을 동경하고 성실하다. 여성들은 위선적으로 보일 수 있지만 그저 표현에 서툴 뿐이란다.

이 대목을 읽으면서 격하게 공감하는 사람도, 터무니없는 소리라며 무시하는 사람도 있을 것이다. 이건 전반적인 특징과 경향성에 대한 이야기라, 개인의 타고난 기질과 성장 환경에서 얻거나 잃게 되는 수많은 상황을 고려하지 않은 설명이니까. 바넘 효과(불특정 다수에게 모두 적용할 수 있는 일반적인 특징을 특정 개인의 고유한 특징이라고 받아들이는 것)도 무시할 수 없다.

사주, 타로, 점성술 등으로 개인을 해석하고 그 결과

로 미래를 대비할 수 있으리라는 믿음은 유사 이래 동서 고금을 막론하고 지속되어 왔다. 그를 통해 마음의 안정을 구한 인류는 발전을 거듭해 지금 여기까지 왔다. 이 시점에서 이야기하고 싶은 것은, 우리가 오랫동안 이어온 믿음이 과학적인 근거가 없으니 그만두어야 한다, 가아니다. 더 뿌리 깊은 문제는 이런 믿음이 근본적인 목적, 즉 개인과 공동체에 일어나는 현상을 해석하고 미래를 발전적으로 준비하는 데 사용되는 것이 아니라, 특정 대상을 혐오하고 배제하려 할 때 일어난다는 것이다. 지금부터 할 이야기는 1980년대부터 1990년대까지 만연했던 여아선별낙태에 대한 것이다.

2023년 2월 기준 대한민국의 합계출산율(여성 1명이 평생 낳을 것으로 예상되는 평균 자녀 수)은 0.78명이다. 그런데 불과 두 세대 전인 1960년만 해도 합계출산율은 6명이었다. 경제발전을 도모하고 전 국가적 가난을 해결하기 위해 1960년대 한국 정부는 '아이 적게 낳기 운동'을 펼쳤다. 1970년대에도 산아제한정책은 지속되었다. '딸 아들 구별 말고 둘만 낳아 잘 기르자'는 캐치프레이즈로 부부와 두 자녀로 구성된 4인 가족을 '정상 가족'으로 간주하는 프레임이 생겼고, 1980년대에는 '하나 낳아 젊게 살고 좁은 땅 넓게 살자'는 캐치프레이즈가 등장하기에 이른다. 산아제한정책은 1989년 정부가 공식적으로 피임사업 중단을 선언하면서 막을 내린다.

산아제한정책은 출가외인이 될 딸보다 대를 잇고 제사를 모실 아들을 얻고자 했던 한국의 남아선호사상과 맞물려 한국 사회에 큰 여파를 몰고 왔다. 특히 1980년대에 태아의 성별을 감별할 수 있게 되면서 '아이를 한 명만 낳아야 한다면 아들이어야 한다'는 믿음으로 여아는 낙태하고 남아는 출산하는 경우가 다수였다. 여아선별낙태의 최정점은 1990년 경오년이었는데, 이 백말띠의 해에 태어나는 여성은 팔자가 드세다는 속설이 있었기 때문이다. 딸, 게다가 팔자까지 드센 딸은 용인하지 않겠다는 강력한 사회적 분위기로 수많은 여아가 태어나지 못했고, 1990년의 출생성비(여아 출생아 100명 대비 남아 출생아 수)는 116.5명을 기록했다. 자연성비는 106이다.

띠에 얽힌 속설에 따라 딸과 아들을 가려 낳으려는

경향은 이후에도 지속되었다. 이런 현상은 윤리적으로 옳지 않다는 지적으로 2005년 제정된 생명윤리법은 성별감별출산을 엄격히 금지하고 있다.

지금까지 한 이야기는 많은 매체에서 이미 다뤄왔던 문제다. 1990년대생이 소위 '결혼적령기'의 연령대에 돌입하자마자 '아이를 낳을 여성이 없다'는 기사가 쏟아졌고, 다수의 기사에서 그 원인을 만연했던 여아선별낙태로 지목했기 때문이다. 1980년대 말부터 1990년 초반에 태어난 여성들이 자라면서 들었던 '너희 때는 여자애들 많이 죽었어, 너는 행운인 줄 알아' 같은 말들, 딸을 가졌다는 이유로 낙태를 강요당했던 어머니의 이야기 등이 증언되며 한국 사회의 구조적이고 근본적인 문제를 지적했다.

한국 사회와 정책결정자들이 이 문제, 1980년 말부터 만연했던 여아선별낙태와 남아선호사상, 무슨 무슨 해와 무슨 무슨 띠에 따라 성비 불균형이 심화한 현상, 그리고 이들이 소위 '결혼, 출산적령기'에 들어섰음에도 결혼과 출산을 선택하지 않은 것에 대해 어떻게 생각하

고 있는지 적나라하게 드러난 것은 2010년대 중반부터
였다.

2016년 행정안전부는 '지자체 출산율 제고 방안'의
일환으로 저출산에 대한 이해도를 높이고 지방자치단
체 간 출산지원 혜택 경쟁을 유도하겠다는 취지로 대한
민국 출산지도 홈페이지를 통해 전국 243개 지방자치단
체의 출산관련통계를 발표했다. 해당 홈페이지에서 지
역별 보육지원정보, 출생아 수 및 합계출산율, 조혼인율
등의 통계자료를 확인할 수 있었는데, 문제가 됐던 지점
은 지역별 임신, 출산, 가임기 여성 수였다. 임신이 가능
한 20세에서 44세까지의 여성인구가 해당 지역에 얼마
나 거주하고 있는지를 1명 단위까지 명시하며 가임기 여
성 인구가 많은 지역 순서대로 순위를 매기기도 했다. 해
당 연령대의 여성들이 출산에 대해 어떻게 생각하고 있
는지, 출산을 할 수 있는 몸 상태인지 아닌지를 전혀 고
려하지 않았고, 여성을 '애 낳는 기계' '걸어 다니는 자궁
수'로 보았다는 비판과 분노가 언론 기사와 커뮤니티를
통해 쏟아졌다. 가임기 여성의 수를 지역에 따라 발표하
는 것이 출산율 제고에 도움이 될 것이라고 생각한 이유

가 무엇인지 해명하지 않은 채 해당 홈페이지는 폐쇄되었다.

그다음 해 국책기관인 한국보건사회연구원이 주최한 「제13차 인구포럼」에서는 여성의 결혼연령을 낮추고 고스펙 여성들에게 불이익을 주는 것이 출산율 제고에 효과적이라는 연구결과를 발표해 논란이 일었다. 원종욱 선임연구위원이 발표한 "결혼시장 측면에서 살펴본 연령계층별 결혼결정요인 분석"에 포함된 내용인데, 출산율을 끌어올리기 위해서는 혼인율을 끌어올려야 하므로 '백색 음모 수준으로' 여성들이 결혼상대자를 하향 선택할 수 있게 문화콘텐츠를 통해 유도해야 한다는 것이 발표의 주된 내용이었다.

개인이 결혼과 출산을 선택하는 것은 다양한 사회적 요인으로 비롯된 것인데, 개인의 선호를 개선하면 해결할 수 있다고 본 것이 문제라는 점, 그리고 여성들이 추구하는 삶의 방식을 전혀 인정하지 않은 채 '취업 못하면 시집가겠지'라는 식의 접근은 잘못되었다는 점 등의 비판이 쏟아졌다. 해당 연구위원은 며칠 뒤 자진 사임했다.

2020년대에도 대한민국 정부는 엄청난 돈을 들여 저출산 해결 대책을 쏟아내고, 시행하고 있다. 청년의 눈높이로 접근해야 한다, 다자녀 가구에 지원금을 확대해야 한다, 집 문제로 결혼 못 하는 청년이 많으니 주택정책을 개선해야 한다 등의 의견이 제시되고 있지만, 정작 한국 사회의 성차별이라는 아주 오래된 병폐가 수면 위로 드러나 결국 공동체를 소멸의 길로 몰아넣고 있다는 사실을 간과하고 있는 것 같다. 아니, 진작부터 알고 있었지만 애써 외면하는 것일지도 모르겠다. 남성과 여성이 만나 결혼해야만 부부로 인정하는 것, 결혼한 부부 사이에서 태어나 등록된 아이만 법적으로 보호하는 것은 수박 겉핥기식의 접근일 뿐, 기존의 프레임에서 한 발짝도 벗어나지 못한 방법이다.

정말 저출산이 문제라고 생각한다면 아이들을 더 태어나게 하는 데 집중하기보다 현재 한국 사회에서 살고 있는 아이들과 그 주변 사람들이 이 사회가 살 만하다고 느끼는지, 아이들을 키우는 양육자들의 삶은 어떠한지, 혈연으로 연결된 양육자가 없는 아이들은 어떻게 살고 있는지 먼저 살펴야 한다. 국가가 제공하는 법적 보호의 테두리를 넓히고 다양성을 인정해 모든 개인이 독립된 인격체로서 사회로부터 존중받고 있다고 느껴야 한다.

　이미 우리는 너무나 많은 여성을 잃었고, 또 잃고 있다. 잘못되었다는 것이 증명된 믿음이 옳은 방향을 만들어 낼 수는 없다. 지금까지의 사고방식을 반복한다면 새로운 미래는 오지 않을 것이다. 그 미래를 살아가야 하는 것은 그 누구도 아닌 우리다.

아드님 안 계세요?
따님은 상주喪主 못 해요

　　나는 3남 3녀 중 다섯째로 태어난 둘째 아들과 2남 3녀 중 넷째로 태어난 셋째 딸의 외동딸이다. 어디 가서 형제 관계를 이야기하면 주로 듣는 레퍼토리가 있는데 "외동이라서 (하고 싶은 거 다 할 테니) 좋겠다." "부럽다."는 말이다. 수많은 말 중에서 이해가 될 듯 말 듯했던 말은 "외동이라서 외롭겠다."였다.

　　개인적으로 나는 어릴 적부터 사촌들과 가깝게 지내 스스로 외동딸이라는 자각은 별로 없는 상태다. 나와 유년기와 청소년기를 내내 함께 한 사촌들 세 명은 모두

한 살 터울로, 고만고만하게 크다 보니 나의 정체성은 외동딸이라기보다는 위로 언니 한 명, 아래로 남동생 두 명이 있는 비운(?)의 둘째 딸 같다. 살면서 단 한 번도 외롭다고 느낀 적도 없었다. 그런데 예상치 못한 곳에서 외동이 외로울 수도 있겠구나, 좀 더 정확하게는 '외동딸'이어서 외로울 수도 있겠구나, 라고 생각했던 적이 있었다. 바로 친척의 장례식에서였다. 그때 나는 (오지 않았으면 하는) 먼 미래의 어느 날 나의 부모님이 돌아가셨을 때, 내가 딸이어서 상주가 되지 못할 수도 있겠구나, 라는 걸 새삼 느꼈다.

그날 포털사이트에 '여자 상주'를 검색해봤다. 역시나 관련 뉴스와 블로그에 적힌 실제 사례를 어렵지 않게 찾아볼 수 있다. 아버지 장례식에서 친언니 대신 사촌오빠가 상주가 됐다, 유가족은 자매뿐인데 남편이나 남자 친척을 불러오라는 장례지도사와 싸웠다 같은 이야기. 사랑하는 가족과 이별해야 하는 상황도 서글픈데 마음 놓고 애도할 기회마저 빼앗긴 느낌이라며, 한국의 장례문화는 지나치게 가부장적이고 상업적이라는 내용이었다.

한국장례문화진흥원 웹사이트에서 안내하는 상주의 우선순위는 죽은 사람의 장자, 장자가 없으면 장손, 장손도 없으면 장증손과 장고손 순이다. 죽은 자에게 자손이 없으면 가장 가까운 촌수의 친족 중에서 가장 나이 많은 남자가 상주의 자격을 얻는다. 아내가 죽었을 땐 남편이 상주가 되지만, 남편이 죽었을 때 아내는 상주가 될 수 없다. 또한 장자보다 나이가 많은 딸, 장손보다 나이가 많은 친손녀와 외손은 상주에 해당하지 않는다.

바로 그 밑에 주부主婦가 되는 사람의 우선순위도 등장한다. 주부는 장례에서 안의 일, 그러니까 손님을 맞이하고 장례 음식을 준비하는 등의 일을 주관하는 사람이다. 주부는 죽은 사람의 아내가 맡는다. 죽은 사람에게 아내가 없다면 상주의 아내가 주부를 맡는다. '바깥일은 남자가, 집안일은 여자가' 해야 한다는 전통적인 성역할의 관점이 여기서도 보인다.

그나마 장례식 문화에도 변화의 바람이 불기 시작했다는 것을 조금이나마 엿볼 수 있는 인터뷰가 있었다. 한국장례문화진흥원 직원은 "생전에 가장 사랑했던 사람, 고인이 돌아가셨을 때 가장 슬퍼할 사람이 상주가 되면 된다. 고인과 상관없는 사람이 상주가 되면 아무런 의미가 없다."는 말로 상주의 자격을 정정했다. 최근에서야 한국장례문화진흥원 홈페이지의 장례용어 '상주' 부분에 '고인의 가족이면 상주의 역할은 남녀의 구별을 두지 않아도 됨'이라는 문구가 추가됐다.

진흥원 직원의 말처럼 이제는 시대가 달라져서 딸도 상주가 될 수 있다고, 아들만 상주로 내세우는 건 옛날얘기라고 말할 수도 있다. 그렇다면 다행이다. 하지만 우리가 갔던 가장 최근의 장례식을 한번 떠올려 보자. 검은 재킷과 바지를 입고 팔에 완장을 찬 사람 중에 여성이 있었던가? 상주 역할 뿐만 아니라 부조금 정산, 영정 사진과 위패와 관을 드는 사람, 장례지도사가 가장 먼저 절을 시키고 술과 향을 올리고 헌화하도록 하는 사람, 중요한 의사결정을 하는 사람은 모두 남성이다. 여성은 손님들을 위한 음식을 준비하고 대접하는 부수적인 역할로 존재한다. 식구가 많은 대가족에서는 이런 형태의 장례식이 가능하다. 그러나 1인 가구와 비혼 가구가 대폭 증가하고 있는 사회상의 변화와 사람들의 요구는 장례식장에 반영되지 않고 있다.

훗날 내가 죽음에 이르렀을 때를 상상해 본다. 살아 있을 때 데면데면하던 성인 남성이 상주가 되어 며칠 밤낮 내 곁을 지키는 일, 그리고 내가 가장 사랑했던, 나를 가장 사랑하던 사람이 여성이라는 이유로 멀찍이 띨어져서 슬퍼하는 모습이라니. 상상만 해도 불편하다. 죽음을 애도하는 데 성별은 중요하지 않다. 누구나 상주가 될 수 있는 장례문화가 사회에 널리, 그리고 깊게 자리 잡길 바랄 뿐이다.

잘못되었다는 것이 증명된 믿음이

옳은 방향을 만들어 낼 수는 없다.

- 성매매 합법화하면 여자들도 좋은 거 아니야?

- 차별금지법 반대하면 차별주의자?

- 법적 보호자 모셔 오세요

- 군대 안 갔다 왔으면 말을 하지 마!

- 한국에 구조적 성차별은 없습니다

2.
제도권 바깥

성매매 합법화하면
여자들도 좋은 거 아니야?

2022년 초, 문제적 영화 〈강구바이 카티아와디: 마피아 퀸〉(이하 〈강구바이〉)가 OTT 서비스를 통해 공개됐다. 인도의 논픽션 소설 《마피아 퀸 오브 뭄바이》를 원작으로 하는 이 영화는 '배우의 꿈을 이루게 해주겠다'는 애인의 거짓말에 속아 유곽에 팔려 매춘부가 된 '강가(알리아 바트)'가 유곽의 지도자인 '강구바이'로 성장해 성매매 여성의 권리를 위해 싸우는 과정을 그린다.

세상에서 가장 오래된 직업은 매춘부다, 라는 호사

가들의 말과 더불어 성매매와 여성인권에 대한 담론도 그리 낯설지 않다. 한국에서는 2004년에 성매매방지특별법이 제정되었다. 이 법은 성을 판매, 구매, 이 행위를 알선하거나 이를 목적으로 인신매매를 하는 사람 모두를 처벌하며, 성매매 피해자 및 성을 판매한 사람에 대한 보호, 피해회복 및 자립, 자활을 지원한다는 목적을 가진다. 국가와 지방자치단체는 이에 필요한 행정적 조치를 시행하고 있다. 그러나 이 법이 무색하게도 성매매는 한국에서 '고수익 산업'으로 평가받아왔다. 2022년 기준 한국의 성산업은 최대 37조 원 규모로 추정된다. 2021년 우리나라 커피시장 규모가 약 6조 원이었으니, 커피시장의 6배가 넘는 규모로 성산업이 운영되고 있다는 얘기다.

〈강구바이〉의 말미, 주인공은 여성인권을 위한 국가토론회에 참석해 매춘을 합법화하는 것이 여성인권을 신장시키는 길이라는 취지의 연설을 한다. 그저 영화 속 대사일 뿐이라고 생각할 수도 있지만, 좋은 영화가 으레 그렇듯이 사람들은 영화의 엔딩크레딧이 올라간 후 더 많은 이야기를 쏟아냈다. 역시 성매매를 합법화하는 것이 여성인권에 도움이 될 것이다, 성매매라는 용어는 맞지 않으니 용어부터 다시 정의해야 한다, 저것은 1980년대 인도의 이야기로 한국의 실정과는 맞지 않는다, 같은 의견이 오고 갔다.

성매매 합법화는 정말로 여성인권에 도움이 될까? 이보다 더 나은 논의와 합의의 방향은 없을까? 이 질문에 대한 답 중 일부를 다른 국가와 그곳의 사람들을 연구하고 취재한 자료에서 찾을 수 있었다.

현재 프랑스, 독일, 네덜란드, 호주, 오스트리아 등은 수준과 범위의 차이는 있지만 국가가 성매매를 인정하거나 용인하고 있다. 이 중에서도 네덜란드는 2000년, 형법상 성매매금지령을 폐지하고 성관계를 노동으로 인정해 성매매, 포주행위, 성매매업소 운영 등을 합법화함으로써 세계 최초로 성매매 합법화를 이룬 국가가 되었다. 그래서 성매매 합법화가 사회에, 특히 성매매 여성의 인권에 어떤 영향을 끼치고 있는지 살펴볼 수 있는 대표적인 연구대상이 되어 수많은 논문과 기사, 증언이 나왔다.

성매매 합법화에 있어서 네덜란드의 접근은 매우

신중하고 다각적이었다. 1970년부터 약 30년간 정부, 의회, 자치단체, 시민단체, 성산업 종사자 등 다양한 이해관계자들의 의견을 청취하고 모았다는 점이 그렇다. 성매매 합법화의 목표는 여섯 가지였나.

- 자발적인 성매매자에 대한 착취 금지 및 통제
- 강제적 성매매 금지 및 처벌
- 성적 학대로부터 미성년자를 보호
- 성판매 여성의 지위 보호
- 성매매와 범죄와의 연계 차단
- 불법 체류 외국인에 대한 성매매 유입의 감소

네덜란드 법무부는 2002년, 2007년, 2015년 총 세 차례 성매매 합법화 평가보고서를 발간하며 성매매 합법화가 이 여섯 가지 목적을 달성하였는지 자체적으로 평가했다. 그 결과는 사람들의 희망과는 달리 부정적이었다. 성매매가 합법화되면서 기존에 있던 업소들은 영업허가증을 받았지만, 새로운 업소들을 허용하지 않으면서 성매매가 더욱 음성적으로 변화하는 경향이 있었다. 비자발적 성매매의 정확한 개념과 실태를 파악하기 힘들다는 것이 한계로 지적되었으며, 신고가 되지 않은 출장, 가정, 길거리 형태의 성매매에 미성년자가 진입할 경우 이들을 보호할 수 없었다. 성매매 여성들의 법적인 지위 보장은 거의 개선되지 않았으며, 불법이민자들의 경우 더더욱 파악하기 힘들다는 것이 확인되었다. 성매매와 마약, 인신매매, 불법장기거래 등의 범죄와의 결탁이 차단되었다고 평가하기 어렵다는 것도 부정적인 진단의 이유가 되었다. 네덜란드의 경우만을 놓고 보면, 성매매 합법화가 여성인권과 사회에 도움이 된다고 말할 근거가 떨어지는 것이다.

성매매 노동자를 보호하는 동시에, 성매매를 근절할 수 있는 발전적인 대안으로 소환되는 것이 스웨덴의 노르딕 모델이다. 노르딕 모델은 성을 제공하는 사람은 처벌하지 않고, 성산업에서 벗어날 수 있는 근본적인 해결책을 장기적으로 지원한다. 동시에 성을 구매하고 이를 알선하며 업소를 운영하는 사람과 성착취 가해자만을 처벌하여 성매매에 대한 수요 자체를 차단하는 접근을 택한다. 1999년 스웨덴이 관련법을 제정한 후 노르웨이, 아이슬란드, 캐나다, 북아일랜드, 아일랜드, 프랑스와 이스라엘이 이 접근을 채택했다. 한국도 이 접근을 일부 차용해 성매매방지특별법을 제정했다고 볼 수 있다. 흥미로운 것은 이 모델의 효과성에 대한 이견이다.

2010년 스웨덴이 발간한 「성적 서비스 구매 금지에 대한 평가 1999-2008」 보고서에 따르면, 노르딕 모델 채택 이후 스웨덴의 길거리 성판매자가 30% 이상 감소했다고 평가했다. 하지만 그 이후 2019년 북아일랜드의 현황을 분석한 자료에 따르면 노르딕 모델 도입 이후 성판매자의 수가 증가했으며, 성매매 홍보도 더욱 활발해졌다고 한다. 결국 노르딕 모델은 효과가 없었다는 것이다. 이뿐만 아니라 노르딕 모델은 성 판매 여성을 경제활동을 하는 노동자, 혹은 산업의 종사자로 인정하지 않고 시스템의 피해자이자 복지의 수혜자로만 판단해 개인의 성적자기결정권과 권리를 침해한다는 주장도 노르딕 모델의 유효성에 대해 반박하는 근거다.

2016년 국제앰네스티는 성 노동자의 인권 존중, 보

호 및 실천을 위한 국가의무에 관한 국제앰네스티 정책*
을 발표했다. 이 문서에서는 성매매에 대해 그전까지와
는 다른 정의를 제시한다. 성노동을 정의하는 핵심 요소
는 성판매자와 성구매자 간의 합의이며, 이는 성매매, 인
신매매, 성착취, 성폭력 및 성에 기반한 폭력과는 구별된
다. 성인 간 합의된 성판매와 구매행위는 비범죄화, 즉
금지되거나 처벌되지 말아야 하며, 성노동자들이 사회
적으로 낙인찍히거나 차별받지 않아야 한다는 것을 명
시한다. 성 노동이 생존 수단이 되지 않도록 국가가 보호
해야 하며, 이를 위한 조치와 수단 등을 제시한다. 이는
성을 판매하는 행위 자체를 개인이 자유로이 선택한 직
업 중 하나라는 관점이 반영되었다고 볼 수 있다. 전 세
계에서 활동하고 있는 가장 큰 인권단체인 국제앰네스
티가 이런 관점을 가졌다는 것으로 당시 전 세계가 들썩
였고, 여전히 많은 이야기가 오가고 있다.

어떤 질문과 대답이 어떤 방식으로 오간다 해도 인
정하고 받아들여야 하는 것은 성매매 자체가 성불평등

---

* Amnesty International Policy on State Obligations to Respect, Protect and Fulfill
the Human Rights of Sex Workers

에서 기인한다는 사실이다. 성산업 종사자의 대부분은 여성이다. 사회경제적으로 열악한 환경에 처해 있어 안전망을 갖지 못한 여성은 자발적, 혹은 비자발적으로 성산업으로 진입할 가능성이 커진다. 성산업은 자본주의 사회의 여타 산업들과는 다른 특성이 있고, 여기 종사하는 사람들에 대한 차별과 낙인이 존재한다.

사회를 긍정적인 방향으로 변화시켜 나가는 과정에서 우리가 반드시 지켜야 하는 원칙이 있다면, 현재 성매매 노동자들도 우리의 동료 시민이며, 이들의 존재를 지우거나 차별하고 배제하지 않는 방향이 무엇인지 함께 고민해야 한다는 것이다.

차별금지법 반대하면
차별주의자?

무슨 일만 생겼다 하면 '관련법이 미비하다' '제도적 지원이 필요하다'는 말이 나온다. 그런데 지금까지 어떤 법을 누가 제안했고, 그 법들은 어떻게 됐는지 궁금해해 본 적이 있는가? 1945년 제헌국회가 설립된 이후 지금까지 대한민국의 어떤 국회의원이 어떤 법을 언제 제안했는지, 해당 법에 대한 의결의 결과는 언제 어떻게 되었는지 볼 수 있는 사이트가 있다.

의안정보시스템* 메인 화면 검색창에 제안대수를 제헌국회부터 제21대까지 설정하고 의안명에 '차별금지법'을 입력하면 9개의 목록을 확인할 수 있다. 2007년 정부가 제안했던 차별금지법안(의안번호 178002)부터 2020년 6월 제21대 국회 장혜영 의원이 대표발의한 차별금지법안(의안번호 2101116)까지 중 '상애인차별금지법 일부개정법률안에 대한 의견표명 결정문송부'를 제외하고 총 8개의 의안이 차별금지법과 관련되어 있다. 2023년 1월 기준 다섯 개의 법안은 임기만료폐기 되었고, 두 개의 법안은 철회되었으며 한 개의 법안은 계류되어 있다.

검색해 볼 의안명이 하나 더 있는데, 바로 '평등에 관한 법률안'이다. 해당 법안의 제정이유와 목적에 "모든 영역에 있어서 차별을 금지하고 실질적 평등을 구현하기 위한 일반법으로 제정한다"는 표현이 포함되어 있기 때문에 차별금지법안으로 보아도 무리가 없을 것 같다. 평등에 관한 법률안은 제21대 국회에서 두 명의 의원이 대표발의했다. 이상민 의원(의안번호 2110822)과 박주민 의원(의안번호 2111964)이다.

---

* https://likms.assembly.go.kr/bill/main.do

비슷한 시기에 발의된 두 법안은 제안 이유부터 주요 내용까지 대동소이하지만, 박주민 의원 발의안에는 이행강제금에 대한 사항이 포함되어 있다. 그래서 이상민 의원 발의안보다 차별금지법 구제에 대해 행정적으로 더 강한 처벌을 내릴 수 있게 했다는 것이 두 법안의 주요한 차이점이라고 볼 수 있다. 2021년 8월 31일에는 권인숙 의원 외 17인의 국회의원도 '평등 및 차별금지에 관한 법률안'을 발의했다(의안번호 2112330).

차별금지법은 21대 국회 임기 안에서 그 어느 때보다 활발하게 논의되고 있는 것 같다. 사실 이 법안들은 2020년 국가인권위원회가 발표한 '평등 및 차별금지에 관한 법률 시안'(이하 국가인권위원회안)에 기반한다. 5개의 장, 39개조 및 부칙으로 구성된 국가인권위원회의 시안은 차별의 개념과 범위를 명확하게 설명한다. 성별, 장애, 병력, 출신 지역, 학력, 교육기관, 괴롭힘, 성희롱, 근로자, 사용자, 광고 등에 대해 명확하게 정의하며 차별의 개념과 차별에 해당하지 않는 경우 또한 명시되어 있다.

이미 대한민국에는 장애인 차별, 성별 차별, 고용 형태 등에 대한 차별을 다루는 개별법들이 있다. 그래서 굳이 차별금지법을 제정하는 것이 필요한지에 대한 의문을 품을 수 있다. 그렇지만 그 법들이 제대로 힘을 쓰지 못하고 있는 걸 우리는 너무나 자명하게 안다. 한 사람의 정체성은 하나만이 아니다. 지방에 살며 회사에 다니는 지체장애인 미혼 여성일 수 있고, 수도권에서 혼자 아이를 키우며 재택근무 하는 프리랜서 남성일 수 있다. 이들의 단편적인 면모만을 바라보고 법을 적용하기엔 현행법상의 한계가 있어, 포괄적인 차별금지법의 필요성이 논의되어 왔다.

차별금지법을 반대하는 이들의 주장 중에는 '종교의 자유를 현저히 침해한다'는 내용이 포함되어 있다. 하지만 종교계의 설교나 전도 그 자체는 평등법과 차별금지법의 적용 대상이 아니다. 마찬가지로, 종교 등을 이유로 달리 대우하는 행위에 '합리성'이 있다면 그것은 차별이 아니다. 교회에서 해외선교를 위해 청년들을 선발하는데 그 자격을 기독교인으로 제한한다고 해서 차별이 되지 않는다는 말이다. 또한 어떤 이가 남들과 다른 모습, 이전과는 다른 방식의 삶을 택했다고 해서 그 사람을 차별하고 핍박해도 된다고 말하는 것이 내가 믿는 종교라면, 나는 그 종교가 존재해야 하는 의미를 어디서 찾아야 할지 혼란스러울 것 같다.

'악법 중의 악법이다.' '동성애와 성전환을 옹호한다.' '이 사회의 기본적인 질서를 무너뜨릴 것이다.' '역차별을 야기하며 여성과 아동인권은 종말 될 것이다.' 차별금지법 제정을 반대하는 사람들이 내세우는 주장이다. 이들은 차별금지법에 대해 '충분한 사회적 합의'가 이루어지지 않았다며, 법률적 근거를 충분히 검토하여 차별금지법을 제정하지 말아야 한다는 의견을 내세운다.

여론조사 결과 차별금지법에 찬성한다는 의견이 60% 이상을 차지했고, 2021년 6월 차별금지법 제정을 찬성하는 국회 청원이 10만 명의 동의를 얻어냈음에도, 이를 반대하는 이들의 목소리는 크고 사용하는 단어도 지나치게 자극적이다. 종교와 신념의 이름을 빌려 다른 이의 존재를 틀렸다, 반대한다 말하고 눈에 보이지 않는 곳으로 치우는데 거리낌이 없다.

사람이 사람을 좋아하는 것을 누가 반대할 수 있을까. 내가 가지고 태어난 성과 내가 인식하는 성이 다른 사람이 있는데, 그 사람들이 느끼는 감각을 한 번도 느껴 본 적 없는 사람이 '당신이 느끼는 감각은 틀렸다!'고 말할 수는 없다. 그것은 그의 감각이며 그가 정의한 스스로의 존재다. 반대론자든 찬성론자든 신을 믿든 안 믿든 모두 세상의 일부이고 우리의 이웃이다.

대부분 사람은 골치 아픈 일이 생기면 일단 눈에 보이지 않는 곳으로 치워둔다. 그것을 직면하고 바로 해결하기 위해 두 팔을 걷어붙이는 사람을 우리는 용기 있는 사람이라고 칭찬한다. 그래서일까. 차별금지법은 제정되면 안 된다는 말이 옳은 것처럼 들릴 때가 있다. 차별금지법이 제정되면 특히 여성들이 더한 차별을 받게 될 것이고 어쩌면 지금보다 상황이 더 안 좋아질지도 모른다는 두려움을 가진 사람들도 있는 것 같다.

차별금지법에 대한 오해와 이 법의 필요성을 본격적으로 이야기하려면 이 책의 모든 지면을 할애해도 모자랄 것이다. 차별금지법의 기본 목적은 우리 모두가 좀 더 편안하고 안전하고 자유로운 일상을 영위하기 위해 필요한 것임을 다시 한번 생각해야 한다. 누구나 한 번쯤

은 나이, 외모, 성별, 학력, 종교, 출신 지역 등으로 차별
당해 상처받은 경험이 있을 것이다. 이런 일에 '차별'이
라는 이름을 붙여 두 번 상처받지 않게 하는 것이 차별금
지법의 목적이다.

"모든 국민은 법 앞에 평등하다. 누구든지 성별, 종
교 또는 사회적 신분에 의하여 정치적, 경제적, 사회적,
문화적 생활의 모든 영역에 있어서 차별을 받지 아니한
다." 대한민국 헌법 제11조 1항의 내용이다.

현재 우리는 이 조항처럼 헌법상의 권리를 온전히
누리고 있는지, 우리가 이 권리를 원하는 만큼 우리 이웃
들의 권리도 충분히 생각하고 있는지 돌아봐야 할 때다.

법적 보호자
모셔 오세요

최근 들어 결혼식에 초대받는 일이 많아졌다. 가까운 지인들을 초대해서 사랑하는 사람과 미래를 약속하고 앞날을 축복받는 이 의식은 계절과 형식, 장소, 주인공들의 나이와 상관없이 깊은 의미가 담긴 이벤트인 것 같다. 반면 아직 결혼하지 않았거나 아예 결혼하지 않기를 선택한 친구들, 혹은 결혼이 아닌 다른 방식으로 가족을 만들어 삶을 꾸려가는 친구도 많다. 사람이 아닌 반려동물도 가족에 포함되니, '가족'이라는 단위의 형태와 규모는 우리가 알고 있는 범위보다 훨씬 다양할 것이다.

그런데 '법'이 인정하는 가족의 형태는 아직까지 정형화되어 있다. 민법상 '가족'은 배우자와 직계혈족 및 형제자매와 직계혈족의 배우자, 생계를 같이 하는 경우에 배우자의 직계혈족 및 배우자의 형제자매까지다. 동성 친구와 수십 년을 같이 살며 경제공동체를 꾸리더라도, 민법을 기준으로 하면 그저 같은 주소에 사는 동거인이다. 법적으로는 그냥 '남'이어서 당장 응급수술이 필요해도 수술 동의서에 사인조차 할 수 없다.

2022년 혼인신고 건수는 19만 2천 건이다. 혼인신고가 수리되기 위해서는 주민등록번호 뒷자리가 1 혹은 3으로 시작하는 남성 한 명과 2 혹은 4로 시작하는 여성 한 명이 함께 작성한 서류가 필요하다. 이를 기준으로 했을 때 2022년에 대한민국에서 '인정'하는 방식으로 가족을 꾸리기로 선택해 국가의 허락을 받은 사람이 38만 4천 명인 셈이다. 코로나19 상황으로 결혼식을 취소하거나 미룬 경우 등도 있겠지만, 2022년의 혼인 건수는 전년 대비 0.4% 감소했고, 2021년의 혼인 건수는 전년대비 9.8% 감소했다. 전체 인구 대비 법적인 결혼을 선택하는 사람들이 점점 줄고 있는 분위기다.

그런데 이 수치에도 잡히지 않는 부부의 수는 점차 늘고 있다. 혼인신고 '접수'는 하지만, '수리'는 불가능한 부부들, 동성 부부들이다. 혼인신고 접수가 최종적으로는 수리되지 않을 것을 알지만, 접수하는 것 자체에 의의를 두고 구청 등에 서류를 제출하는 동성 부부가 늘면서 2022년에 가족관계등록 전산시스템이 정비되었다. 이전에는 전산망에 등록조차 되지 않았다면, 이제는 전산에 혼인신고 기록은 남게 된 것이다. 이 기록은 향후 10년 동안 보존된다. 물론 정부는 이러한 개선이 동성혼 제도화를 위한 단계는 아니며, 기존에 있었던 행정적인 오류를 바로잡기 위한 것이라고 밝혔다.

이런 법적인 정체와 사회적 변화를 '결혼적령기'의 미혼 여성으로 지켜보며, 또 온몸으로 겪어내면서 가장 많이 떠올랐던 생각은, 현재의 나는 국가의 보호를 받을 자격이 없는 존재일 수도 있겠다는 것이다. 지금 당장 내가 크게 다쳐 응급수술을 받아야 한다면 자동차로 4시간 거리에 사는 엄마가 병원에 도착할 때까지 나의 수술은 유예될 것이다. 서울에 사는 친구는 나의 보호자가 될 수 없으니까.

　나의 경우처럼 먼 거리에서라도 달려와 줄 부모님이 있다면 그나마 다행이지만, 세상 모든 사람이 똑같은 모습으로 살고 있진 않다. 부모 또는 자식이 있으나 행방을 모르는 상태일 수도 있고, 법적 배우자가 있어도 남보다 못한 사이일 수도 있다. 또 나처럼 외동인 경우, 결혼 의지도 없고 부모님마저 안 계신 상황이라면 어찌하겠는가. 언제 필요해질지 모를 법적 보호자를 '구비해 놓기' 위해 결혼을 해야 한다는 말인가?

　결혼해서 상대의 배우자가 되어야 서로를 보호할 법적 책임이 주어지는 것은 가장 명백해 보이기는 하지만 많은 것들이 가려지고 배제되는 제도인 것 같다.

　대한민국의 생활동반자법에 대한 논의의 시작은 2014년으로 거슬러 올라간다. 진선미 의원실에서 주최한 '생활동반자에 관한 법률' 토론회에서 개인 선택의 변화를 뒷받침하는 사회적 규정에 변화가 필요하다는 주장이 나왔고, 현재 생활동반자법을 제정해 시행 중인 국가들의 사례가 제시되었다. 이 법안은 종교계 등의 반대에 부딪혀 당시 발의조차 되지 못하다가 2021년에 용혜인 의원실에서 주최한 '생활동반자법 제정을 위한 국회 토론회'를 통해 다시 수면 위로 올라왔다.

생활동반자법이 거론될 때 가장 많이 등장하는 나라는 프랑스다. 프랑스는 1999년 PACS(Pacte civil de solidarité, 시민연대계약)를 채택해 두 이성 혹은 두 동성 성인 간의 결혼이 아닌 '결합'을 인정한다. 결혼과 유사한 권리와 의무를 보장받고, 몇 차례 개정을 거치면서 출생, 입양한 자녀에 대한 사항 등도 보완되었다. 이 법률은 그 당시에 동성혼을 인정하지 않았기 때문에 생겨난 제도였는데, 2013년 동성혼이 허용된 후에도 유지되고 있다.

생활동반자법을 제정하고, 동성혼을 법제화하는 것은 사람과 사람이 만나 공동체를 이루고 미래를 구상해 나가는 '바람직한' 삶의 방식이 꼭 남성 한 명과 여성 한 명이 낭만적 관계에 기반해 결합하는 '결혼'이 아니어도 된다는 가능성을 열어준다. 이는 다른 유형의 반려인을 선택하고 그 사람과 어떤 식으로 삶을 꾸려갈지 고민하는 이들에게 꼭 필요한 법이다. 옆집에 살만큼 가까운 친구와 서로의 법적 보호자가 될 수 있다면 불시에 닥칠 위협에서 좀 더 안전할 수 있다. 먼 곳에 사는 부모나, 남처럼 사는 배우자가 나타나길 마음 졸이며 기다리는 것보다 훨씬 낫지 않은가.

일본 도쿄와 오사카의 지방법원은 동성혼 금지가 합헌이라고 판결했지만, 삿포로 지방법원은 동성혼 금지를 위헌이라고 판결했다. 대만은 아시아 최초로 동성결혼 합법안을 가결했다. 대한민국은 올해 초에 동성 부부의 건강보험 피부양자 자격을 인정하는 법원판결이 났다.

결혼이 사랑의 완성이라고들 말한다. 그리고 결혼을 통해 사랑을 완성시키는 사람들도 있다. 한국 사회의 어떤 사람들은 지극히 사랑하는 연인과 결혼할 자격조차 주어지지 않는다. 또 어떤 사람들은 연애 감정이 아닌 다른 종류의 사랑(가까운 친구나 함께 자란 친인척도 사랑의 대상이다)을 주고받으며 따로 또 같이 살고 있지만, 서로를 법적으로 보호할 방법이 없다. 세상엔 다채로운 사랑에 빠진 사람들이 많은데 사회가 상상하는, 사회가 '인정'하는 사랑의 범위와 가족의 모습은 비좁고 편협하다. 그 얄팍한 사랑의 조건 때문에 지금 우리는 얼마나 많은 이들의 평안과 자유를 저버리고 있는 걸까?

군대 안 갔다 왔으면
말을 하지 마!

"여성도 징병 대상에 포함시켜 주십시오."

2021년 4월, 청와대 국민청원에 이런 제목의 글이 올라왔다. 해당 청원의 주 골자는 이랬다.

"출산율이 줄어들고 있으니, 국가가 필요한 병력을 보충하는데 남성들만으로는 차질이 있다. 남성들만 억지로 징병대상에 포함시킨다면 국군의 전체적인 질적 악화가 우려되며, 군대도 예전과 다르게 충분히 좋아졌으니 여성들도 군 복무가 가능하다. 여성은 보호해야만 하는 존재가 아니라 나라를 지킬 수 있는 듬직한 전우가 될 수 있다…"

이 청원은 한 달 만에 29만여 명의 동의를 얻으며 종료됐다. 30일간 20만 명 이상이 청원에 동의하면 장관과 수석비서관을 포함한 정부 관계자는 청원종료 이후 30일 만에 공식적인 답변을 발표해야 한다는 정책에 따라 청와대 국민소통수석실 디지털소통센터에서는 아래와 같은 답변을 내놓았다.

"여성징병제는 병력의 소요충원에 국한된 문제가 아니고, 다양한 쟁점을 포함하고 있어 충분한 공론화를 거쳐 신중하게 결정해야 하는 사안이다. 여성 징병제 도입을 위해서는 종합적인 연구와 사전 준비가 충분히 이루어져야 한다. 병영 문화 개선과 함께 복무 여건 및 처우를 개선하기 위한 노력도 지속해 나가겠다."

이 논의는 전혀 새롭지 않다. 세계 유일의 분단국가, 휴전국가라는 특수한 배경 아래 한국에서는 징집병과 모집병을 포함해, 한 해 약 22만 명 규모의 인원이 현역으로 입영한다. 징집병 전원이 특정 연령대의 남성이고, 모집병에서 여성의 비율이 늘고 있다 하더라도 입영하는 인원의 절대다수가 남성이다. 요즘 군대는 갈 만하다더라, 그러니 여자도 징집대상이 되어야 한다, 같은 이야기가 심심찮게 오가는 요즘. 이런 분위기 속에서 현재 군대에 복무하고 있는 여성들의 실제 삶은 어떠한지, 그리고 여성징병제 담론 아래 깔려 보이지 않는 전제와 문제를 제대로 들여다보는 것 또한 필요하다.

여성은 징병에 적합한 대상이 아니라는 판단을 내린 것은 여성들이 아니라 국가다. 2005년 육군 입영통지서를 받은 남성이 '남성에게만 병역의무를 부과하는 것은 평등권을 침해하는 것'이라며 헌법소원을 제기했는데, 이듬해 헌법재판소는 '남성에게만 병역의무를 부과하는 것은 평등권의 침해가 아니다'라는 의견으로 이 헌법소원을 기각했다. 아래는 헌법재판소의 결정문 중 일부의 내용이다.

"집단으로서의 남자는 집단으로서의 여자에 비하여 보다 전투에 적합한 신체적 능력을 갖추고 있으며 개개인의 신체적 능력에 기초한 전투적합성을 객관화해 비교하는 검사체계를 갖추는 것이 현실적으로 어렵다. 신체적 능력이 뛰어난 여자의 경우에도 월경이나 임신, 출산 등으로 인한 신체적 특성상 병력자원으로 투입하기에 부담이 큰 점 등에 비추어 남자만을 징병검사의 대상이 되는 병역의무자로 정한 것이 현저히 자의적인 차별취급이라 보기 어렵다."

사회적인 여론과 관계없이, 오랫동안 대한민국의 헌법재판소와 국방부는 군대라는 환경에 여성은 적합하지 않다고 판단해 왔다. 여성은 생물학적으로 군사활동에 유용한 몸으로 설계되지 않았으며, 체력적으로 열세라는 점과 임신과 출산이 가능하다는 점이 전쟁을 목적으로 하는 군대와 그 집단에 충성해야 하는 군인으로서는 부적절한 몸이라는 것이다.

그렇다고 대한민국 정부가 군대와 군복무에서 여성을 완전히 배제하는 것은 아니다. 병역법 제3조 제1항에 따르면 대한민국 국적을 가진 여성은 지원에 따라 현역 및 예비역으로 복무할 수 있는데, 장교와 준사관, 부사관으로 지원할 수 있다. 여성을 일반병으로도 징집해야 한다고 주장하는 사람들의 근거 중 하나도 이미 여성들이 장교와 부사관으로 잘 근무하고 있는데 일반병으로 징집하지 못할 이유도 없다는 것이다. 2021년 기준 장교 및 부사관으로 근무하고 있는 여성 군인은 약 1만 4천 명이다.

헌법재판소의 판결문 관점으로 본다면 여성 군인들은 군인이기 전에 여성이다. 아무리 군인으로서 뛰어난 자질을 갖췄더라도 여성이기 때문에 어쩔 수 없이 보호받아야 할 존재가 되니, 전시를 가정한 훈련상황과 부대 생활에서 존재 자체로 남성 군인에게 부담을 준다는 것이다. 이러한 관점은 군대의 실질적인 행정에도 그대로 반영된다. 이미 남성만 복무할 수 있는 환경으로 조성된 부대에 여자 화장실도 제대로 갖추지 않은 채로 한두 명의 여성 부사관, 혹은 여성 장교를 '깍두기'처럼 발령 내려 그만을 위한 공간을 단시간 내 짓기 위해 일반병을 동원한다. 그러니 일반병들 입장에서는 '저 사람만 안 왔더라면 내가 이 일을 안 해도 되는데'라고 생각하게 되는 것이다. 근본적인 문제는 그런 시설을 미리 준비하지 않고 무작정 여성 군인을 발령 낸 후 아무런 조치도 취하지 않은, 그리고 일반병이기 때문에 그들의 노동력을 원래의 목적과는 다른 곳에 써도 무방하다는 관점을 가지고 사람을 부리는 윗선에 있는데도 말이다.

이처럼 여러 가지 이유로 군대 내에서 여성 군인은 남성 군인에게 동등한 동료로, 명령을 따라야 할 상사로 인정받지 못한다. 선입견과 미온적인 대응은 여군의 처우와 승진과도 직결되며 군대 내 성폭력 및 성희롱, 나아가 다양한 모습의 소수자, 즉 '전통적인 형태의 군대에 적합하지 않은 모습의 군인'을 대하는 태도와도 연결된다. 폐쇄적인 집단에서 심리적으로 고립된 사람은 자살 가능성이 커진다. 2017년부터 2021년까지 5년간 공식적으로 기록된 군대 사망 사고자 395명 중 여성군인은 9명으로 보고됐다. 9명의 사망원인은 모두 자살이다.

이런 상황이 한국만의 문제는 아닌 것 같다. 미국 여성 군인의 4분의 1은 성폭력 피해 경험이 있다고 증언했고, 2016년 기준 이스라엘의 여성 군인 6명 중 한 명이

성희롱 및 성폭행 피해 경험이 있다고 응답했다. 2018년 기준 미국 군인 전체의 18% 이상이 여성이었다. 그러나 여성군인을 위한 전술용 방탄/방염 브래지어는 2022년에서야 개발에 들어갔다. 아직도 전쟁을 치르고 있는 우크라이나에서도 여군을 쉽게 만날 수 있지만, 이들은 남성 군인과 동등하게 대우받지 못한다고 증언한다.

여성군인에 대한 처우와 그들의 복무환경, 그들에게 주어지는 권한과 배치 등을 여전히 '논외'로 취급하면서 단순히 징집을 통해 여군의 숫자만 늘린다고 한들, 이것을 통해 성평등이 달성될 수 있다고, 해외사례를 이야기하며 우리나라도 하루빨리 여성징병제를 도입해야 한다고 주장하는 것은 '나만 당할 수 없다'는 심리에서 비롯된 것이라고 해도 무방할 것이다. 그리고 이런 심리기제의 배경에는 대한민국의 폐쇄적이고 폭력적인 군대문화와 지금도 발생하고 있는 피해자들, 변화를 촉구하는 목소리는 들리지 않는 듯 이 현상을 방치하고 묵인하고 있는 군대의 고위관리자들이 있다.

현재 대한민국의 군대 담론에서 먼저 논의되어야

할 것은 폐쇄적이고 폭력적인 군 문화 개선과 인권에 기반한 군인 처우 개선, 징병 대상에 대한 정당한 대가 지급 등이다.

거대한 차별과 폭력의 구조는 깨부수기 어렵다. 그래서 사람들은 내 옆의 약자를 혐오하고 배척하는 선택을 한다. 쉽고 편리하게 나의 위치를 확인할 수 있으니까. 우리가 정말로 싸워야 할 상대는 따로 있다. 남자만 군대에 가니 억울하다, 여자도 군대에 가야 남자들이 고마운 줄 알 것이다, 라고 말할 것이 아니라 군대가 갈 만한 곳인지 이야기하는 것이 더 나은 논의와 발전의 방향이다.

한국에 구조적 성차별은 없습니다

최근 몇 년간 한국 정치와 사회를 떠들썩하게 했던 주제는 '젠더 갈등'과 성차별, '양성평등' 등이었다. 어떤 사람들은 우리나라는 여성들이 살기 편한 나라고, 오히려 남성들이 역차별당하고 있다고 주장한다. 또 다른 사람들은 여성 대상 범죄가 만연하고, 구조적인 성차별은 실재하니 이 상황을 개선해야 한다고 말한다. 누구나 한번쯤 이런 생각을 해봤을 것이다. 우리나라는 성평등한 나라일까, 아닐까? 한국 사회에 구조적 성차별은 있는 걸까, 없는 걸까?

특정 국가의 구체적인 이슈에 대해 그렇다, 아니다를 판단할 때 우리는 통계를 사용한다. 그리고 주로 국가기관이나 국제기관이 그 통계를 개발해서 발표하는 지수index를 통해 사회가 얼마나 달라졌는지, 이 국가와 저 국가는 어떻게 다른지 살핀다.

성평등과 관련해서 가장 많이 인용되고, 국가정책의 판단 기준이 되는 국제 지표는 ① 성불평등지수GII, ② 성개발지수GDI, ③ 성격차지수GGGI 세 가지다.

이 중 성불평등지수와 성개발지수는 유엔개발계획 United Nations Human Development Program, 이하 UNDP*에서 발표한다. UNDP는 매년 전 세계를 대상으로 국가보고서Country Insights를 발행하고, 그에 기반한 인간개발지수 Human Development Index, HDI를 발표한다. 인간개발지수에 포함된 지표는 평균교육연수Mean years of schooling, 기대교육기간Expected years of schooling, 평균 기대수명Life expactancy at birth과 1인당 실질국민소득Gross National Income per capita으로, 주로 건강과 교육, 경제수준에 입각한 지수다.

---

* 유엔의 개발활동 조정 중앙 기구로, 전 세계 170여 개 국가 및 영토에서 국가의 빈곤 퇴치와 불평등 감소를 돕는 조직이다.

성격차지수는 세계경제포럼World Economic Forum, 이
하 WEF*에서 발표한다. GGGI는 한 국가 내의 여성과
남성의 '차이'를 수치화한다. 2006년부터 매년 보고서
를 발간하고 있으며, 이 보고서에는 경제적 기회Economic
Opportunities, 교육Education, 건강Health, 정치적 리더십
Political Leadership 네 영역을 측정한다.

UNDP와 WEF에서 발표하는 세 가지 지수를 하나
씩 들여다보고, 평등과 불평등을 논하는 기준이 어떤 것
인지 이해한다면 현재 한국의 상황과 앞으로 나아가야 할
방향에 대해서 좀 더 의미 있는 논의를 할 수 있을 것이다.

성불평등지수(Gender Inequality Index, GII)

성불평등지수는 인간개발지수HDI의 연장선상이자
조금 더 세부적인 기준으로 접근한다. 건강 영역에서 모
성사망률**, 청소년 출산율*** 두 지표를 계산해 여성

---

* 스위스 제네바에 본부를 둔 비영리국제기구. WEF가 주최하는 연례총회인 다보스
포럼은 글로벌 리더들이 한자리에 모여 현안에 대해 논의하고 해결방법을 모색하는
논의의 장이다.
** Maternal mortality ratio : 특정연도의 전체 정상출생아 10만 명 대비 임신 또는
출산 때문에 사망한 여성의 수
*** Adolescent birth rate : 15~19세 여성 1,000명당 태어난 영아 수

의 생식건강지수Female reproductive health index를 도출한다.

자율권empowerment 영역에서는 중등교육 이상을 이수한 여성과 남성의 인구Female and male population with at least secondary education와 여성과 남성의 의회 의석수Female and male shares of parliamentary seats를 계산한다.

노동시장Labour Market 영역에서는 여성과 남성의 노동참여비율Female and male labour force participation rates 지표가 자율권 영역의 지표와 함께 계산되어 여성의 자율권 지수Female empowerment index와 여성의 노동시장 지수Female labour market index, 남성 자율권 지수Male empowerment index, 남성의 노동시장 지수Male labour market index로 도출된다.

이 지수는 다시 성별로 분류되어 여성 성 지수Female Gender Index, 남성 성 지수Male Gender Index로 정리되고, 이 차이가 GII로 최종 도출된다.

GII가 0이면 완전 평등, 1이면 완전 불평등을 의미한다. 2021년 기준 191개 국가 중 1위는 GII 0.013의 덴마크였으며 한국은 0.067로 15위를 기록했다. 우리나라와 같은 점수를 받은 나라는 포르투갈이며 일본은 0.083

으로 22위, 미국은 0.179로 44위를 기록했다. 우리나라의 순위는 2014년 0.125로 23위를 기록한 후 지속적으로 세계 10위 안팎을 유지하고 있으며, 최근 5년 중에서는 2021년의 순위가 가장 낮다.

모성사망률과 청소년 출산율은 한국이 굉장히 낮다. 임신과 출산 때문에 사망하는 여성의 수가 적은 편이고, 청소년기에 아이를 출산하는 경우의 수 또한 공식적으로는 적은 수준이다. 또한 한국은 법적으로 전 국민이 중학교까지 의무교육을 이수해야 하고, 그 기간을 고등학교까지 점진적으로 확대하는 과정에 있기 때문에 기본적인 교육수준이 높다. 그래서 이로 도출되는 생식건강지수와 자율권지수만 보면 한국의 GII는 0에 좀 더 가까워야 한다.

그러나 25세 이상 인구 중 중등교육 이상을 받은 인구의 비율은 2021년 기준 남성이 93.1%, 여성이 83.1%로 10%의 차이를 보인다. 15세 이상 노동참여인구 비율도 남성이 72.4%, 여성이 53.4%로 약 20% 정도 차이가 있다. 국회 의석 중 여성이 차지하는 비율은 19%로, OECD 가입국 중 최하위권에 속한다. 즉, 여성의 사회참여 부분에서 남성과 여성의 차이가 나타나고 있다. 이와 관련해 성불평등지수를 분석한 우리나라의 여성가족부 자료에서도 여성의 정치와 노동참여 부문에 있어서 지속적인 개선이 필요하며, 성평등 정책 강화가 필요하다고 정책방향을 제시한 바 있다.

성개발지수(Gender Development Index, GDI)

성개발지수는 인간개발지수HDI를 성별로 나누어 보는 것으로, 남성과 여성 간의 차이를 볼 수 있다. 여성과 남성의 통계를 건강하고 오랜 삶Long and healthy life, 지식Knowledge, 삶의 수준Standard of living 세 영역으로 나눈다.

각 영역에서 기대수명Life expectancy, 예상 교육기간 Expected years of schooling, 1인당 국민총소득GNI 지표를 도출해 영역지수인 기대수명지수Life expectancy index, 교육지수 Education index, GNI 지수로 정리되어 HDI로 나타난다.

GDI가 0일 때 완전 불평등, 1은 완전 평등을 나타낸다. 한국의 GDI는 2021년 기준 0.944다. HDI 순위로는 0.925로 19위지만 이는 성별 구분 없이 한국 전체의 수준을 계산한 값이다. 여성만의 HDI는 0.894, 남성만의 HDI는 0.947이다. 즉, UNDP가 분석한 바에 따르면 한국은 건강하고 오랜 삶, 지식, 삶의 수준이라는 세 가지 영역을 종합해봤을 때 남성이 여성보다 약간 더 높은 수준의 삶을 살고 있다.

2021년 GDI 값이 도출된 상세자료를 살펴보면 여성과 남성의 차이가 어디서 도드라졌는지 잘 알 수 있다. 출생 시 기대수명은 여성이 남성보다 6.4년 정도 더 길다. 이는 세계적으로 동일하게 나타나는 현상이다. 이는 남성의 흡연율, 알코올 섭취율, 비만율, 범죄 연루 가능성 등이 더 높고, 여성이 남성보다 의학적인 처방과 치료에 충실하기 때문이라는 분석이 있다. 교육기간에서도 남성과 여성의 차이가 약 1년 정도 있다. 그러나 남녀 간의 격차가 가장 큰 부분은 1인당 국민총소득GNI으로, 남성과 여성의 소득이 2배 이상의 차이를 보인다.

GII에서도 남성과 여성의 차이가 가장 크게 나타났던 부분은 여성의 사회참여였다. 여성과 남성의 노동참여비율 격차를 감안하면 1인당 국민총소득에서 이렇게 큰 차이를 보이는 것은 크게 놀랄 일이 아니다. 그러나 기대교육기간의 차이는 0.9년, 평균교육기간의 차이는 1.3년임에도 1인당 국민총소득 격차가 두 배 이상이라는 것은, 교육받은 여성이 노동시장으로 진출하지 못했을 가능성이 있으며 동일한 교육을 받은 여성과 남성 노동자 사이에서도 임금차별이 있을 가능성을 의미한다. 결국 여기서도 동일하게, 한국은 사회참여에 있어서 남성과 여성 사이에 큰 격차가 있다고 할 수 있다.

성격차지수(Global Gender Gap Index, GGGI)

2020년 1월 코로나19 바이러스가 발견되고 같은 해 3월 세계보건기구WHO가 팬데믹을 선언한 이후 3년이 지나가고 있다. 코로나19 '바이러스'는 성별을 가리지 않고 찾아왔기에 아무도 피해 갈 수 없었지만, 대혼란 속에서 여성, 아동, 노인, 장애인 등 사회적 약자들은 그 부정적 영향을 더 크게 받았다.

특히 한국에서는 여성의 노동시장 이탈에 대해 우려하는 목소리가 높았다. WEF에서 발표한 세계 성격차지수GGGI 보고서에 따르면 2020년 한국의 노동참여지수는 0.756이었는데, 2022년에는 약 0.737로 남성과 여성의 노동참여율 차이가 더욱 벌어졌다.

GGGI는 4개의 영역에서 다시 14개로 세분하여 지표값을 측정한다.

- **경제적 참여와 기회** Economic participation and opportunity

① 노동참여율 Labour-force participation rate

② 유사업무의 임금균등 Wage equality for similar work

③ 예상근로소득 Estimated earned income

④ 고위 관리자 및 관리자 수 Legislators, senior officials and managers

⑤ 전문기술인력 Professional and technical workers

- **교육수준** Educational Attainment

⑥ 문맹률 Literacy rate

⑦ 초등교육 등록률 Enrollment in primary education

⑧ 중등교육 등록률 Enrollment in secondary education

⑨ 고등교육 등록률 Enrollment in tertiary education

- **건강 및 생존율**Health and Survival

⑩ 출생 시 성비Sex ratio at birth

⑪ 건강수명Health life expectancy

- **정치적 역량**Political Empowerment

⑫ 여성 국회의원Women in parliament

⑬ 여성 장관직Women in ministerial positions

⑭ 지난 50년간 여성/남성 국가 원수의 수Years with female/male head of state, last 50

GGGI 지표엔 노동, 교육, 정치적 역량 등의 정치사회적 지표가 다수 포함되어 있다. 한국은 2023년 기준 건강 및 생존 점수가 0.976이다. 교육수준 또한 남녀 간의 차이가 거의 없어 보이지만, 고등교육등록에 있어서 남성과 여성의 차이가 발생해 최종세부지수인 교육수준 점수가 0.977로 도출되었다.

경제적 참여와 기회는 0.597로 계산되었는데, 한국 사회에서 남녀 간의 격차가 가장 큰 지표가 입법, 고위공무원 및 관리자 측면이기 때문이다. 이 지위에 있는 사람이 전체 100명이라고 가정할 때 남성은 85.4명, 여성이 14.6명이다.

추정 소득도 격차가 크다. 성별임금격차Gender pay gap 라고도 불리는 이 차이는, 한국이 OECD 회원국 중 가장 크며 여성이 남성보다 31.1% 정도 임금을 덜 받는 것으로 조사됐다. 성격차점수가 가장 낮은 분야는 정치적 역량 부분인데, 2023년 우리나라의 점수는 0.169다. 전반적인 지표에서 여성의 정치참여 비중이 낮은 것으로 분석되었다.

'우리나라의 성평등 순위는 전 세계에서 최하위권이다'라는 분석기사에서 주로 인용되는 것이 바로 이 성격차지수GGGI다. 한국 여성들의 삶의 수준과 한국의 전반적인 인권 수준이 다른 나라와 비교해 절대적으로 나쁘기보다는, 한국 사회라는 공동체 안에서 남성과 여성의 평균적인 차이가 크다고 분석하는 것이 GGGI를 해석하는 올바른 방법이다. GGGI에는 각 국가의 정치, 경제, 사회의 절대적인 수준이 다른 지수에 비해 적게 반영되었기 때문이다. WEF는 동아시아와 태평양 지역에 성격차가 완전히 없어지는 데까지는 약 168년이 걸릴 것으로 예측했다. 이는 북미와 유럽의 약 2.8배다.

지금까지 살펴본 세 개의 성별관련지수는 각기 다른 지표와 분석 지점을 가지고 세계의 성평등 수준에 대해 평가하고 있다. 세 가지 지표 모두 한국 사회에는 남성과 여성의 차이가 존재하며, 이 차이는 사회참여 영역에서 가장 두드러진다는 것을 보여준다. 과학과 의학이 발달하면 기대수명 등의 요소는 일정 수준 이상의 수치로 나타난다. 한국이 세계적인 의료수준을 자랑하고 있는 만큼 이런 지표들은 지속적으로 긍정적인 결과를 보여준다. 반면, 사회의 규범과 관습이 큰 영향을 미치는 사회참여 영역에서는 남성과 여성의 차이가 크다. 이는 한국 사회에 구조적 성차별이 있다고 말할 수 있는 증거다.

한국에도 성평등수준을 양적 차원으로 평가할 수 있는 수단이 있다. '국가성평등지수'라고 일컫는 이것은 매년 전국적으로 조사해 공표하게 되어있다. 양성평등기본법 제19조에 따르면, 여성가족부장관은 국가의 성평등수준을 계량적으로 측정할 수 있도록 성평등한 사회참여의 정도, 성평등 의식, 문화 및 여성의 인권, 복지 등의 사항이 포함된 국가성평등지표를 전국단위, 지역단위로 개발, 보급하여야 하며, 이를 매년 조사하고 공표해야 한다. 국제기구의 지수보다 한층 더 구체적인 개별지표를 확인할 수 있는 셈이다. 이는 국제기구의 지표는 모든 나라의 통계수준과 통계를 수집할 수 있는 상황이 다른 만큼 전 세계가 공통으로 보고할 수 있는 수준으로 정해졌기 때문이다.

3개의 영역에서 8개의 분야, 25개 지표로 산출되는 한국 국가성평등지수는 매년 근소한 수치로 상승하고 있다. 2015년 70.4점에서 2020년 74.7점으로 상승했는데, 전반적 영역에서 개선되었다고 평가된다. 그러나 이것은 '개선'된 것이지 '해결'된 것이 아니다. 국가성평등 보고서는 성평등을 달성하기 위해 성별 임금격차, 의사결정 분야에서의 낮은 여성비율, 젠더 폭력 근절, 성평등한 가족문화 확산 등을 시급한 정책 과제로 제시한다.

기업의 채용담당자들은 여전히 여성보다 남성을 선호한다고 설문조사에서 공공연히 밝힌다. 여학생들은 학점은 좋지만, 연구는 잘하지 못한다는 편견이 학계에 만연하다. 성관계를 거부했다는 이유로 남자친구에게 맞아 죽는 여성들이 있다. 최근에는 여성 대상 범죄가 더욱 잔혹해지며 호신용품 구매율이 급증하기도 했다. 여러 국제지수와 한국 자체의 성평등지수를 살펴보았을 때, 그리고 현재 빈번하게 일어나고 있는 크고 작은 일들을 보았을 때 한국에는 사회 전반에 걸쳐 구조적 성차별이 존재한다고 말할 수 있다.

구조적 성차별은 존재한다. 이는 개인의 선의와 서로에 대한 배려로 해결할 수 있는 문제가 아니다. 사회 구성원 모두가 움직이고, 법과 정책으로 사회의 변화를 뒷받침하며 논의를 이끌어갈 수 있을 때 근본적으로 풀어갈 수 있다. 있는 차별을 없다고 주장하며 오히려 '글로벌 스탠다드'에서 멀어지는 방식의 정책을 되풀이한다면 차별은 더욱 공고해질 것이며 이는 사회 전반의 퇴보를 야기할 뿐이다.

2022년 10월 7일, 정부조직개편안을 통해 여성가족부 폐지가 공식화되었다. 김현숙 여성가족부 장관은 정부조직개편안 설명회에서 보건복지부 산하에 여성가족부의 기능을 이어받을 인구가족양성평등본부를 창설하는 방식은 오히려 정책의 성평등을 강화하는 방향이 될 수 있다며, '독립부처로 있는 것이 조직의 위상을 강화하는 것이 아니다'라는 주장을 내놓았다. 그보다 이전에 현 정부는 여성가족부가 시대적 소명을 다하여 폐지해야 한다고 주장했다. 이는 김 장관의 주장과는 양립할 수 없다. 시대적 소명을 다한 부처의 위상과 정책을 강화하기 위해 조직을 개편한다는 말은 틀렸다. 여성가족부의 소임이 진정으로 다하는 날은 성차별과 젠더 폭력이 사라지는 날이어야 한다. 그리고 이 시점에서 그날은 대단히 요원해 보인다.

- 무슨 애가 이렇게 '애다운 맛'이 없어
- 역시 국민 할머니!
- PC가 영화를 다 망쳐놨어
- 저렇게 입고 무슨 정치를 한다고

3.
미디어의 배신

무슨 애가 이렇게 '애다운 맛'이 없어

    몇 년 전 공개 됐던 모 우유 회사의 광고에는 세상에서 제일 성숙해 보이는 여자 초등학생이 등장한다. 이른 아침, 피로에 절어 비몽사몽인 보호자의 모습이 보이다가 화면이 바뀌면 머리를 단정히 묶고 깔끔하게 옷을 차려입은 초등학생이 나타난다. 아이는 "어서 일어나! 나 학교 가야지!"라며 보호자를 깨워 우유 한 컵을 건넨다. 혼자 학교 갈 준비를 마치고 보호자까지 챙기는 아이에게, 보호자는 "딸, 챙겨줘서 고마워."라고 말한다.

    아이가 보호자를, 챙길 수 있다. 우리 주변에는 다정

함을 자동 탑재하고 태어나 어릴 때부터 주변을 살뜰하게 챙기는 친구 한 명쯤은 있다(그게 누구인지 생각나지 않는다면 바로 당신일지도 모른다). 이런 아이의 이미지를 회사의 셀링포인트 삼아 일관적으로 광고에 담아낸다면, 그것이 그 회사의 지향점이라고 받아들일 수도 있다.

하지만 저 광고가 공개되기 1년 전, 다른 아동을 모델로 연출한 광고는 조금 다른 내용이다. 동물 잠옷을 입고 온 집안을 누비며 놀던 아이가 "아빠, 우유 주세요!"라고 외치면, 보호자는 기꺼이 우유를 따라주며 아들을 맘껏 귀여워한다. 같은 회사의 같은 우유 광고인데 딸은 보호자를 챙기는 의젓한 모습이지만, 아들은 보호자의 보살핌을 받는 존재다. 두 광고의 기본적인 구조는 보호자와 아이가 등장한다는 점에서 동일하지만, 정반대의 관계를 묘사하고 있다.

타고난 기질이 온순하고 다정해서 나이와 상관없이 타인을 돌보는 것에 능숙한 어린이들도 있을 것이다. 그러나 미디어에서 특정한 모습을 '바람직한' '사랑받을 자격'으로 묘사하면서 이를 어린이에게 학습시키는 것은 다른 이야기다. 그 기준이 타고난 성별을 이유로 달라진 다면 더더욱.

현실에서도 마찬가지다. 나이 터울이 적은 남매에게 주어지는 가족 안의 역할이 매우 다를 수 있다는 걸 우리는 잘 알고 있다. 일곱 살 아들은 천방지축에 공을 차고 까불며 뛰어놀아도 괜찮지만, 여덟 살 딸은 그런 동생을 잘 챙기고 보듬으며 의젓해야 한다.

멀리서 찾을 것도 없이 나의 어린 시절을 떠올려 보면, 어른들은 "연수는 의젓하니까 이해해 줄 수 있지?"라고 말하며 동생들에게 양보하기를, 나를 괴롭힌 남자아이에게 화내지 않기를, 늦은 밤 혼자 집에 있어도 얌전히 보호자를 기다리기를 바랐다. 하지만 나와 또래인 남자 사촌에게는 이런 요구를 하지 않았다(고 나는 기억한다. 내 기억이 틀렸다면 꼭 바로잡아 주길 바란다. 동생들아). 그런 요구에 익숙해져서 정말로 나이에 비해 '어른스러운' 어린이가 되었을 때, 한 선생님이 대뜸 이런 말을 한 적이 있다. "연수는 아이다운 맛이 없어. 애가 너무 어른스럽잖아."

초중고 내내 반장과 학생회장을 도맡았었고, (가끔

야자 땡땡이를 치긴 했지만) 대체로 성실한 학생이었기 때문에 선생님 나름의 칭찬이었을 거라고, 표현하는 방식이 달랐을 뿐이라고 믿고 싶다. 하지만 여전히 조금 억울한 마음이 드는 건 사실이다. 왜 나에게 그런 말씀을 하셨을까? 어른들의 기대에 부응하려면 나는 어떻게 해야 했을까? 한두 살 터울인 남동생들을 잘 챙기면서도 혼자서 할 일을 잘 해내고 감정적으로도 성숙해 마음을 스스로 관리할 줄 아는 동시에 천진난만하고 순수한 아이여야 했을까? 웹소설 주인공도 이런 설정이라면 비현실적이라며 욕먹기 좋은 케이스가 아니던가?

남아선호는 옛말이지, 아들은 기차 태워주고 딸은 비행기 태워준다며 "입양가정도 딸아이만 찾아요."라는 이야기가 제법 들리기도 한다. 그런데 여기에도 '여자아이가 부모에게 더 잘한다, 여자아이가 훨씬 키우기 수월하다'는 편견이 깔려있다. 좀 더 깊이 들어가면 '딸은 아들보다 부모에게 더 잘해야 한다.' '여자아이는 유순하고 순종적이어야 한다.'는 아주 오래되어 투명해지기까지 한 고정관념이 있다. 이런 고정관념을 어긴 딸에게 보호자는 더 크게 실망한다. 아들이 섬세하고 다정하면 "어머, 나중에 여자 친구한테 잘하겠네"라고 말하면서, 딸이 호방하고 털털하면 "저래서 시집이나 가겠냐?"고 말한다. 요즘은 시대가 바뀌었다고? 이게 다 옛날얘기라고? 안타깝지만 지금 이 순간에도 일어나는 일이다.

　노동력이 자산이었던 농경사회에서 딸, 특히 장녀는 결혼할 때까지 어머니를 도와 집안일을 하고, 동생들을 돌봐야 하는 존재였다. 산업사회로 접어들어서도 맏딸은 가족을 위해 희생하거나 부모를 대신해 집안 장남(또는 아들)의 사회적 신분 상승을 위한 디딤돌 역할을 수행하기도 했다. 현대로 오면서 경제적인 역할을 딸에게 요구하는 일은 많이 줄었다. 그러나 부모의 갈등을 중재하고 다른 형제들을 돌보며 가족의 구심점 역할을 딸이 해주길 바라는 '분위기'는 여전하다. K-장녀라는 표현에 대한민국의 딸들이 괜히 열광한 게 아니다. 다름 아닌 나의 이야기였으니까. 나만 겪은 일이 아님을 알게 되었으니까.

　어린이를 존중받아야 할 인격체가 아닌, 무조건 미

숙하고 순진한 존재여서 일방적인 선도와 교육, 보호의 대상으로만 보는 것은 우리가 지양해야 할 태도다. 그리고 동시에, 성별을 이유로 어린이에게 '사회적으로 바람직한' 모습을 학습시키고 그 방향으로 성장을 유도하는 것, 그러면서도 '아이다운' 모습을 간직해 보는 이에게 흐뭇함을 선사하기를 바라는 것 또한 어른의 편리함을 위한 이중적인 잣대다. 이런 모습은 가장 클래식한 여성혐오와 촘촘하게 닮아있다.

'딸은 살림 밑천'이라는 말은 남아선호사상 시대에 딸을 낳은 부모들을 '위로'하기 위한 표현이었다고 한다. 그런데 그 딸은 자신이 살림 밑천으로 태어나고 싶어서 태어난 게 아니다. 살림 밑천은 결국 집주인을 위한 것이니까. 그리고 그 주인의 자리를 살림에게 내주지도 않는다. '살림 밑천'이라는 옛말은 이제 'K-장녀'가 대신한다. '쓸데없는 책임감, 심각한 겸손함, 습관화된 양보', 이런 식의 보상 없는 의무만 떠안고 사는 사람들이 차고 넘친다. 시대가 바뀌었다고 입으로만 외칠 것이 아니라 행동으로 보여줘야 할 때다. 딸들을 향한 일방적인 요구와 기대, 이제 그만 거둘 때가 되었다.

역시
국민 할머니!

바야흐로 K-콘텐츠의 시대다. 방탄소년단부터 영화 〈기생충〉, 넷플릭스 드라마 〈킹덤〉과 〈오징어게임〉에 이르기까지. 최근 몇 년 사이에 한국 콘텐츠는 괄목할 만한 성장세를 보이고 있다. 한국인 유튜버의 영상에 영어 댓글이 달리는 것도 흔해졌고, K-pop이 좋아서 한국어를 공부하고, 한국으로 여행을 오거나 아예 한국에 눌러앉았다는 이야기도 더 이상 특이하지 않다.

그중에서도 화제를 모았던 작품 중 하나는 윤여정 배우가 열연한 영화 〈미나리〉다. 한국계 미국인 감독이,

한국인과 한국계 미국인 배우를 기용해 만들어 낸 이 영화는 1980년대에 미국으로 이민 간 한국인 가족의 삶을 그려냈다. 진정성 있는 표현과 이민자 가족만이 끌어낼 수 있는 깊은 공감으로 〈미나리〉는 2020 선댄스영화제 심사위원대상과 관객상을 동시에 수상했고, 제78회 골든글로브 시상식 외국어영화상, 제26회 크리틱스초이스 시상식 외국어영화상 등을 수상했다.

영화 〈미나리〉의 수상도 화제였지만, 윤여정 배우의 수상 또한 초미의 관심사가 되었다. 영화에서 '순자' 역을 맡았던 윤여정 배우는 이 영화를 통해 아시아 배우 최초로 미국배우조합상SAGs 여우조연상, 영국아카데미상 BAFTA 여우조연상을 받았고, 한국 배우 최초로 미국 아카데미상 여우조연상을 받았다.

한국 언론은 윤여정 배우의 수상을 'K-할머니' 열풍이라고 묘사한다. 70대 여성 배우가 할머니 역할로 상을 받았기 때문이다. 가족을 위해 희생하고, 욕을 잘하지만 밉지 않고 오히려 짠한 구석이 있는 전형적인 한국의 할머니 상을 잘 표현했다며 대중과 언론은 연신 찬사를 보냈지만, 윤여정 배우 개인의 성취를 표현하는데 K-할머니라는 표현이 적확하고 적합한지는 의문이다.

우리는 '국민 어머니' '국민 여동생' 같은 표현을 이미 많이 접해 와서 K-할머니라는 표현도 낯설지 않다. 그저 대상이 대한민국 국민에서 전 세계로 넓어졌을 뿐이다. 이런 표현은 주로 '가족을 위해 희생하는' '귀엽고 사랑스러운' 혹은 특정 유명인이 사회가 원하는 형태의 여성상을 잘 표현할 때 사용된다. 그리고 여기엔 사전적 의미 이상의 기대와 편견이 담겨있다. 국민 여동생으로 불릴 때, K-할머니라고 불릴 때, 국민 엄마로 불릴 때, 그 대상이 우리가 생각하는 여동생, 우리가 생각하는 할머니와 엄마의 역할을 충실히 수행해 주기를 바라는 것이다. 영화 속의 인물, 그리고 그를 연기한 70대 여성이 한국인이라는 이유만으로 'K-할머니'라고 표현되는 것은 이러한 방식을 큰 변형 없이 답습하는 것이다.

윤여정 배우는 K-할머니라는 호칭에 담아낼 수 없을 만큼 한국 영화사에서 독보적인 존재다. 1971년 영화 〈화녀〉로 데뷔한 이후, '한국 영화사에서 볼 수 없던 캐릭터'를 연기해 왔다. 과거의 영광에 안주하지 않으며 끊임없이 자신의 한계에 도전하고 사회적인 메시지가 담긴 작품을 선택했다.

그런 그녀도 연기하는 데 어려움을 겪었던 순간이 있었는데 그 이유가 '이혼'이었다. 인터뷰에서 여러 차례 밝힌 바, 당시 한국 영화계는 아무리 톱스타여도 이혼 경력이 있는 여배우를 기용하는 것을 꺼렸다. 그런 분위기에 좌절하지 않고 1984년, 11년 만에 브라운관에 복귀한 그는 이후 단역과 조연을 가리지 않고 연기하며 본인만의 필모그래피를 개척해 왔다. 윤여정 배우의 아카데미 여우조연상 수상은, 한국 배우 최초 아카데미 배우상 수상이라는 영화사적 기록인 동시에 여성에 대한 한국 사회의 억압과 편견에 싸워 이겨 낸 개인의 눈부신 성취이기도 하다.

배우 당사자의 신념과 재능, 노력, 그가 연기한 역할에 부여한 서사, 감독이 영화를 통해 말하고자 하는 이야기와 맥락 등은 전부 소거한 채 그저 국적과 성별, 나이만을 내세워 'K-할머니'라는 수식어를 사용하는 것이

윤여정 배우의 성취를 표현할 만한 단어인지 다시 한번 생각해 볼 필요가 있다.

"전형적인 할머니, 전형적인 엄마, 그런 거 하기 싫어요. 내 필생의 목적이에요." 윤여정 배우가 인터뷰에서 직접 한 이야기다. 전형성에서 탈피해 새로운 모습을 선보이고 싶다고 말하는 윤여정 배우를 'K-할머니'로 압축해 표현하는 것은 그가 오롯이 걸어온 도전과 투쟁의 길에 대한 예의가 아닐뿐더러, 지나치게 납작하고 편협한 표현일지도 모른다.

여성 개인의 성취를 인정하고 축하하는, 전통적인 관점과 테두리를 제거한, 앞으로의 방향성을 제시할 수 있는 새로운 수식어가 윤여정 배우의 이름 앞에, 그리고 앞으로 더 큰 발걸음으로 뻗어나갈 대한민국 여성들의 이름 앞에 붙어야 할 때가 있다면, 바로 지금이다.

PC가 영화를
다 망쳐놨어

영화 티켓이 웬만한 브런치 가격보다 비싸진 시대다. 이제 관객들은 영화를 보기 전에 관람객들의 후기와 평론가들의 별점부터 꼼꼼하게 읽어본다. 비싼 돈과 시간을 투자할 가치가 있는지 판단하는 것이다. 이때 유명한 영화평론가의 별점보다 일반 대중이 남긴 점수와 평가가 더욱 신뢰할 만하다고 생각하는 사람도 많다.

SF 히어로물, 추리극, 스릴러, 액션 등 소위 '문법'이 정해져 있는 장르물은 관객이 기대하는 바가 명확하다. 그래서 제작자들이 인물이나 스토리를 가공해 새로운 시도를 할 때 더 큰 잡음이 들리고, 흥행에 실패하기도 한다. 흥행이 보장된 '프랜차이즈 영화'가 소위 별점 테러를 당하는 경우를 자세히 살펴보면 '영화가 PC함을 지키느라 원작을 훼손했다' 'PC하려고 중요한 역할을 여성에게 몰아줘서 주인공의 서사가 무너졌다'는 표현도 심심찮게 보인다. PC란 뭘까? 뭐기에 사람들이 이렇게까지 반발하는 걸까?

PC는 'Political Correctness'의 줄임말로, '정치적 올바름' 정도로 번역할 수 있다. 위키피디아의 설명을 빌려오면, 정치적 올바름이란 사회 특정 집단의 구성원을 공격하거나 그들에게 불이익을 주는 것을 피하기 위한 언어, 정책 혹은 수단이다. 원래는 정치에서 유래된 개념인데, 그 영역이 점차 확장되어 사회문화적인 맥락으로 쓰이고 있다.

어떤 사람들은 문화콘텐츠를 생산하는 사람들이 정치적 올바름(PC함)을 반드시 추구해야 한다고 하지만, 또 다른 쪽에서는 PC함이 콘텐츠의 가치를 떨어뜨리는 요인이라고 생각하기도 한다. 문화는 그 시대를 반영하는 동시에 나아가야 할 방향을 제시해야 한다는 주장과, PC함은 원작뿐만 아니라 그 팬들을 기만하는 것이고 역차별적이며, 혹은 멀쩡한 원작을 훼손한다는 논리가 맞선다. 이러한 대립은 콘텐츠 생산자뿐만 아니라 소비자에게도 고민할 만한 가치가 있는 질문을 던지고 있다. 시대와 사회적 분위기가 달라지면서, 사람들이 원하는 영화를 비롯한 예술의 역할과 위치도 달라지고 있다는 증거니까.

PC함은 특히 미국의 대형 프랜차이즈 영화에 엄격한 잣대가 가해지는 경우가 많은 것 같다. 2008년 〈아이언맨〉을 시작으로 한국에서도 사랑받기 시작한 일명 '마블 시리즈'는 영화 속 캐릭터를 독자적인 세계관으로 초대해 전 세계 관객들에게 친숙한 슈퍼히어로로 만들었다.

2019년 샌디에이고 코믹콘에서 마블 스튜디오의 케빈 파이기는 MCU 4기 영화 라인업과 주연배우, 감독을 소개하면서 '다양성Diversity'를 주무기로 내세웠다. 이 다양성에 대한 마블의 의지는 〈블랙 위도우〉와 〈샹치와 텐 링즈의 전설〉, 〈이터널스〉에서 잘 드러난다. 이 영화의 주인공은 우리 주변에 흔히 있는 사람들의 모습을 하고 있다. 학생들을 가르치는 중국계 영국인 여성(물론 이 존재는 외계에서 지구로 파견 나온 설정으로 인간이라고 말할 수 없긴 하다), 술자리에서 친구에게 '너 그렇게 살아서 뭐 될래?' 핀잔을 듣는 한국계 여성, 동성의 파트너와 함께 살면서 아이를 입양해 키우는 남성도 있다. 동료와 수어로 대화를 나누는 농인도 있고, 밥상머리에서 '영어 공부는 좀 하니?'라고 묻는 가부장적인 아버지와 사이가 안 좋은 장남도 있다. 더 이상 히어로는 1세계 출신의 조만장자 백인 남성만이 얻을 수 있는 칭호가 아니다. 이런 설정을 위해 감독과 작가는 마블 코믹스 원작의 설정을 뒤틀고 수정해서 지나치게 PC해지려다 원작과 영화를 둘 다 망쳤다는 비판도 있었다.

디즈니는 오래된 애니메이션 영화 〈인어공주〉의 실사화를 준비하면서 인어공주 역할로 흑인 여성 배우를 기용했다. 이 내용이 기사화되자 '붉은 머리의 백인 인어공주가 내 평생의 추억이었는데 그것을 망쳤다'는 댓글과 코멘트가 달렸다. 흑인인 것이 문제가 아니라 '배우가 못생겼다'는 인신공격도 있었다. 이런 논란이 조금 사그라든 것은 인어공주의 티저가 공개되고 흑인 여성 아동들이 이 티저 영상을 보며 기뻐하는 리액션 영상이 SNS에 올라왔을 때였다. 티저에서 인어공주는 '천상의 목소리'로 노래한다. 그걸 보는 흑인 여자아이들은 '나도 영화 속의 주인공이 될 수 있구나, 흑인 여성도 공주가 될 수 있구나'라며 감격하고 기뻐한다.

우리의 추억에 빨간 머리와 큰 눈을 가진 백인 인어공주가 살고 있다는 것은 중요한 사실이다. 그리고 우리는 자신과 비슷한 피부색과 생김새를 가진 인어공주를 보면서 새로운 추억을 만들어 갈 아이들도 격려해 줘야 한다. 어차피 사람도 아닌, 존재하지도 않는 반인반어가 영화의 주인공인 마당에 그가 흑인인지 백인인지 머리 색깔이 빨간지 파란지가 그렇게 중요한 문제인가? 그 영화를 보면서 누군가는 용기를 얻을 것이고 자신의 미래를 만들어 가는 동력으로 삼을 것이다. 오래된 이야기를 시대에 맞게 다시 만드는 것은 그래서 중요하다. 우리의 삶은 과거의 해묵은 유산이 아니라 미래로 향하고 있으니까. 그 무한한 가능성을 추억의 이름으로 제한하는 것은 불공평한 일이다.

넷플릭스에서 한국의 콘텐츠가 주목받은 것도 PC함 덕분이다. 사람들이 새로운 다양성을 요구하지 않았다면 우리는 〈오징어게임〉에서 1세계 출신 백인 남성이 '무궁화 꽃이 피었습니다' 게임에 참여하는 것을 봐야 했을지도 모른다. 또한 〈킹덤〉에서 갓 대신 볼캡을 쓴 남자가 좀비를 처단했을지도 모른다. PC함은 더욱 확대될 필요가 있다. 우린 더 많은 다양성을 더 크게 추구해야 하고, 이것은 인류가 인류로서 살아남을 수 있는 가장 거대한 무기가 될 것이다.

저렇게 입고
무슨 정치를 한다고

　　포털사이트에 역대 대통령 이름과 '외교'를 함께 검색해보자. 외교정책, 외교일정, 위국순방, 외신기자, 외교 평가 등의 관련 검색어를 볼 수 있다. 순방의 목적 등이 보도되는 것이 일반적이고, 사람들도 기사에서 주로 그것을 기대한다. 그런데 지금까지 한국의 유일한 여성 대통령이었던 박근혜 씨의 이름을 포털사이트에 검색하면 유일하게 '패션외교'가 등장한다. 그가 국정농단 사태로 탄핵당한 (현재까지의) 유일무이한 전 대통령이고, 옷에 들인 비용이 어마어마했다는 점을 감안하더라도 언론은 그가 패션으로 정치적 의도를 어떻게 표현했는지 크게 관심을 기울였다. 파란색은 신뢰를 나타내는 색깔이며 녹색은 중립적인 이미지로… 어디서 많이 듣던 표현 아닌가?

이 '패션정치'라는 표현은 정치 관련 발언을 직접적으로 하지는 않지만, 대통령만큼 중요한 공적 역할을 수행하는 영부인들을 주로 따라다니는 표현이다. 영부인들이 입은 옷과 그들의 외형적 이미지가 국가의 상징이라며 사진과 자료가 공개되는 즉시 그들의 의도를 분석하고 앞으로의 행보를 추측한다. 이것은 비단 한국에서만 일어나는 현상은 아니다. 여성 정치인의 외적인 모습은 국가와 직위, 경력과 상관없이 남성 정치인의 그것보다 훨씬 더 큰 주목을 받는다. 우리는 대통령이 해외 순방길에 오를 때 어떤 색깔의 넥타이를 매는지, 구두의 팁은 윙팁인지 스트레이트팁인지 굳이 꼼꼼히 따져보지 않는다. 무려 16년 동안 총리에 연임하여 아이들이 '남자도 총리가 될 수 있나요?'라고 묻게 했던 독일의 메르켈 전 총리는 5년 연속 휴가 때 같은 옷을 입었다는 것으로 언론에 보도된 적이 있다. 오바마 미국 전 대통령의 여름휴가에서 가장 크게 주목받은 것은 그가 들고 가는 책이었다. 1961년부터 미국의 대통령이 여름휴가에 들고 가는 책의 목록을 공개하는 것이 일종의 전통이 된 관습이라는 것을 감안하더라도, 정치인의 성별에 따라 사람들이 주목히는 요소에도 차이가 있어 보인다.

2015년 발표된 한 논문에 따르면, 여성 정치인은 대중과 소통하는 전략으로 패션을 선택한다. 그리고 여성 정치인들이 개인의 취향과 여성성을 정치에 적극적으로 활용하기를 권장한다. 이것은 영리한 전략일 수 있다. 거의 비슷한 형태와 색깔의 옷을 입는 남성 정치인들보다 여성 정치인들은 의복에 있어서 다양한 선택지를 가지고 있다. 이것을 잘 이용해 대중들에게 원하는 이미지를 각인시킨다면 더할 나위 없는 홍보가 될 것이다. 그렇지만 이것은 양날의 검일지도 모른다. 사람들은 여성 정치인이 주장하는 정책, 담론과 의제보다 그의 옷과 외모에 더 관심을 가진다. 고가의 의류는 사치이고, 옷에 신경 쓰지 않으면 품격이 떨어지는 것이며, 화려한 색은 예의를 모르는 것이다. 이런 이중적인 잣대는 유독 여성 정치인들에게 가혹하다.

정치인의 본업은 정치다. 정치인은 국민을 대신해 그들의 의견을 모으고, 국가의 대소사에 의사결정을 내려야 하는 사람들이다. 여성 정치인도 마찬가지다. 무슨 복장을 어떻게 입든 간에, 그들이 하는 '일'에 필요하다고 판단해 선택해 입은 옷일 뿐이다. 정치인이 그가 입은 옷을 통해 구체적인 메시지를 전달한다면, 우리의 몫은 그 옷의 브랜드와 가격표를 뜯어보는 것이 아니다. 그 메시지의 본질을 이해하고 논의하는 것이 사회의 몫이어야 한다.

- 요즘 여자들 너무 이기적이야
- 그러게 왜 그런 놈을 좋아했어?
- 피해자라면서 왜 저렇게 당당해?
- 너만 참으면 모두가 행복해
- 야, 너도 페미해?

4.

침묵하라는 클리셰

요즘 여자들
너무 이기적이야

취업이 힘들다, 라는 말은 내가 초등학교에 다닐 때부터 들었던 이야기 같다. '취업'이 뭔지 개념조차 없었지만, 대부분 어른은 취업이 힘드니까 공부를 열심히 해서 소위 스카이SKY에 입학해야 한다고 말했다. 공부만 잘하면, 좋은 대학에 입학하면, 그래서 좋은 직장을 얻게 되면 하고 싶은 일은 무엇이든 할 수 있다고.

이 이야기는 나와 내 또래뿐만 아니라 1945년 일제 강점기 해방 이후 한국 사회에서 끊임없이 반복되었던 담론이다. 나도 이 담론에서 크게 벗어난 삶을 살지는 않왔다. 중고등학교 시절 할 수 있는 최선의 노력을 했고, 여러 단계를 거쳐 사회적으로 인정받는 학교를 졸업할 수 있었으니까.

좋은 대학을 졸업하면 좋은 직장을 얻는다는 것, 그 이후에는 내가 하고 싶은 일을 할 수 있다는 이런 담론이 여성에게는 완전히 들어맞지 않을 수 있다는 걸 피부로 느낀 것은 취업 준비를 할 때였다. 석사과정을 마치고 몇 군데 회사에 서류를 내고 면접을 봤다. 나를 평가하는 회사의 인사담당자와 대표, 실무진들은 '지원자'로서의 내 삶보다 '여성'으로서의 내 삶을 더 궁금해했다. 그리고 여성으로서의 삶이 해당 회사의 구성원으로서의 삶보다 앞서 회사의 일을 그르치지는 않을까 미리 걱정했다.

"왜 심리학과를 선택했어요? 본인이 정신병 있어서 그런 거 아니에요? 하하하. 농담이에요."

"남자친구 있어요? 아, 없어요? 그럼 당분간 결혼도 안 하겠네요? 애도 안 낳을 거고?"

"지방 출신이구나. 그럼 서울에서는 혼자 살아요?"

"주량은 얼마나 돼요? 에이~ 술 잘 마실 것 같은데?"

"여대 나왔네요? 공부도 오래 하셨고. 혹시 페미니스
트 그런 거예요? 아니, 요즘 말이 많길래. 우리 회사도
그러면 어쩌나 하고."

처음에는 이런 질문에 어떻게 대처해야 할지 몰라
서 얼버무리거나 감정적으로 대응하기도 했다. 첫 면접
이후로 비슷한 질문을 다른 회사에서 여러 차례 듣다 보
니, 이 질문은 지원자를 떠보기 위한 것임을 깨달았다.
그들이 듣고 싶어 하는 대답은 이미 정해져 있었다. 그들
의 의중에 적당히 맞춰 대답을 잘 내놓았다면 나는 그 회
사에 채용되었을지도 모른다. 그러나 정해진 대답에서
벗어난 답을 한다면 반드시 떨어졌을 것이다. 그들에게
나는 지원자이기에 앞서 여성이니까. 나의 능력이 아무
리 뛰어나고 일을 잘해도, 연애하고 결혼하면 아이를 낳
을 거고 애 키운다고 출산휴가와 육아휴직만 써먹은 뒤
회사를 그만둬서 모두에게 피해를 줄 여자니까.

지나친 피해의식이라고, 개인의 경험만으로 일반화
하는 거라고, 요즘 세상에 여자라서 불이익을 주는 회사
가 어디 있냐고, 능력만 있으면 누구든 좋은 직장에서 일

할 수 있다고 말할 수도 있다. 나 역시, 그렇다면 다행이라고 생각한다. 내가 정말로 그 회사가 원하는 인재상이 아니었고, 알 수 없는 이유로 면접관에게 미운털이 박혀 개인적인 질문들을 받았으며, 그 질문에 대답하지 못해서 최종 단계에서 탈락한 것이 나만의 구구절절한 사연이었으면 좋겠다.

포털사이트에 '여성 취준 현실'을 검색하면 가장 먼저 뜨는 기사 내용이 "점수가 낮아도 남자라서 합격시킨 적이 있다"는, 인사 담당자들을 대상으로 한 설문조사 결과다. 즉, 면접 점수가 높아도 여자라서 떨어진 사람이 있다는 말이다. 이 말을 증명하듯 2022년 K은행 인사팀장은 실형을 선고받았고 2023년 5월 S 카드사는 재판을 시작했다.

채용과정에서 여성은 의도적으로 배제되거나 업무 능력과 관계없는 질문을 받는다. 애인 있느냐, 결혼은 언제 할 거냐, 술은 잘 먹느냐, (운전과 상관없는 직무임에도) 운전은 할 줄 아느냐 등. 이런 질문에 대답을 잘했다 한들 여성들은 최종 단계에서 다수가 탈락한다. 명확한 이유는 없다. 채용 담당자들은 일을 시켜본 적도 없으면서 '우리 회사와 일하는 방식이 안 맞을 것'이라는, 어디에 갖다 붙여도 이상하지 않은 모호한 답을 할 뿐이다.

세상은 공정하고 정의로워야 한다며 시험 점수가, 능력이 모든 것을 대변할 수 있다고 목소리를 높이는 사람들이 있다. 그러나 정작 점수로는 설명되지 않는 이런 현상 앞에서는 입을 다문다. 그러고는 '회사는 손해 볼 일을 하지 않는다'는 논리로 넘어간다. 기업은 이익지향적인 공동체이므로 절대 바보가 아니며, 여성을 뽑아서 손해 볼 장사를 하지 않는다는 것이다.

회사가 여성을 뽑으면 손해라는 인식에는 몇 가지 차별적 맥락이 혼재되어 있다. 그중 가장 문제가 되는 부분은 여성노동자는 '노동자'가 아니라 '여성'으로 인식된다는 점, 그리고 여성 노동자가 결혼과 출산, 육아까지 하게 되면 회사를 반드시 떠날 거라고 인식하는 점, 회사를 그만두지 않더라도 그가 쓰는 출산휴가와 육아휴직은 회사에 부담으로 인식된다는 점이다.

여성노동자는 '노동자'이기 전에 '여성'으로 먼저 받

아들여진다. 그래서 개인의 업무 능력이 뛰어나다고 한들, 회사의 귀중한 인적 자원으로 여겨지기보다는 언제 터질지 모르는 시한폭탄 같은 존재, 혹은 기존 매뉴얼을 모두 바꿔 '배려'해 줘야 하는 존재로 받아들여지는 경우가 많다. 야간당직을 예로 들어보자. 어떤 기업에서는 야간당직은 남성 직원들만 선다. 여성 직원이 밤에 혼자 남아 있으면 위험하다는 게 그 이유다. 그런데 대부분 기업에서 당직근무는 인사고과에 반영된다. 그러면 여성 직원은 회사의 규정으로 인해 본인 의사와 상관없이 승진에서 밀리게 된다. 이럴 때 회사가 할 일은 여성 직원을 '배려'해 야간당직에서 제외할 것이 아니라, 그 누구라도 밤에 혼자 남아 당직을 서도 안전한 근무환경을 조성하는 것이어야 한다.

출산도 마찬가지다. 여성 노동자를 '쓸만하게' 교육해 놓으면 아이를 낳아야 해서 회사를 그만두니, 회사 입장에서는 여성을 뽑는 게 손해다. 따라서 점수를 조작해서라도 남성을 뽑아 회사에 오래 근속하게 하는 것이 회사 입장에서는 위험을 줄이는 것이라는 논리인데, 이 말은 틀렸다. 기업에서 돈과 시간을 들여 교육시킨 귀중한 회사의 자원이라면, 성별이 무엇이든 노동자가 일에만 온전히 집중할 수 있는 환경을 보장하고 개인적인 삶 또한 잘 영위할 수 있도록 돕는 것이 회사의 역할이다. 개인적인 삶의 영역을 도외시하는 노동자가 회사의 영역을 잘 지키는 경우는 드물다.

출산휴가와 육아휴직도 개인의 삶과 노동자로서의 삶을 잘 지켜내려는 의도로 선택하는 것이다. 그런데 기업은 출산휴가를 요청하는 여성 근로자를 회사에서 내보내거나, 인사고과에서 최하점을 주고, 복직하면 직무를 변경해 좌천시킨다. 그래서 여성들은 임신, 출산, 육아를 이유로 노동자로서, 회사의 구성원으로서 불이익을 받으니, 차라리 회사를 그만두는 선택을 하게 된다. 이것의 인과관계를 잘못 파악한 기업은 '돈과 시간 들여서 교육시켰더니 애 키운다고 그만둔다'고 보는 것이다. 나아가 여성들은 결혼과 출산, 육아를 핑계로 일을 대충한다는 식의 이야기까지 하게 된다. 일이 잘 안 풀리면 그만두고 결혼하면 되니까, 애 낳고 애 키우면서 살면 되니까 일을 제대로 안 하는 거라고.

2019년 기준 아이를 한 명 키우는데 드는 평균적인 비용을 계산한 기사가 있었다. 만 6세 미만 영유아 자녀를 1명 키울 때 생활비는 월평균 293만 원이고, 교육 비용(공교육, 사교육)을 포함해 계산한 전국의 평균 산출비용은 총 3억 4,790만 원이다. 물가상승률을 감안해 계산하면 2022년 말 평균 비용은 약 3억 7,700만 원. 그리고 2022년 기준 대한민국 4인 가구의 중위소득은 월 512만 1,080원이다. 4인 가구가 부모와 두 명의 아이로 구성되어 있다고 가정한다면 약 147개월, 12년하고도 3개월 동안 한 푼도 쓰지 않고 월급을 모아야 아이 두 명을 키울 수 있다는 계산이 나온다.

직장 생활이 안 풀리면 그만두고 아이 낳고 육아하며 살면 되니까 애써 들어간 직장에서 결혼, 출산, 육아를 핑계로 대충 일하는 여성이 주변에 있다면, 그 사람과 친하게 지내기를 추천한다. 잘 알려지지 않은 재벌이거나, 돈 버는 수완이 대단히 좋은 사람일 가능성이 높으니까. 여기서 말하고 싶은 건, 직장 생활보다 육아가 훨씬 쉽다거나, 기혼 여성이 일하는 이유가 단지 아이 양육비를 벌기 위해서라는 뜻이 아니다. 다만 생계와 직결되는 직장 생활을 포기하는 과정에서 그들이 받는 오해가 얼마나 불합리한지 설명하고 싶을 뿐이다.

1960년대의 한국은 국가가 가진 자연자본은 상대적으로 부족하고 인구수는 많았다. 국제사회에서 승부를 보려면 인적자본의 양과 질이 유일한 무기였다. 그 당시의 정부 시책은 2023년 현재 한국 사회의 지나친 경쟁 문화와 약육강식, 승자독식의 문화로 남았다. 그런 나머지 사람들은 이 문제의 진짜 원인이 무엇인지 구별해 내는 능력도 잃어버린 것 같다. 결혼과 출산, 양육은 개인의 선택이지 잘못이 아니다. 출산휴가와 육아휴직으로 자리를 비운 사람의 몫만큼 다른 노동자들의 일이 늘어나는 것은 고용주의 잘못이다. 그리고 이 담론에서 함께 가정을 꾸려야 하는 아빠의 역할은 쏙 빠져있다. 남성 근로자가 육아를 위해 이직이나 퇴사를 선택한다고 해서 '애써 교육시켜 놓으니 떠난다'는 잣대를 들이대지 않는다. 오히려 '훌륭한 아빠'로 추앙되어 엄마보다 더 많은 박수를 받을 뿐. 이는 아직도 가정에서 돌봄은 여성의 역할이라는 성별 고정관념이 사라지지 않았다는 증거다.

2023년 2월 기준 한국의 합계출산율은 0.78이다. 학교에서 현시대의 저출생 원인으로 가르치는 여러 요인 중 하나는 여성들의 사회진출이다. 이전에 비해 여성들의 교육수준이 높아지고 사회활동이 늘어나면서 아이를 낳지 않는다는 것이다. 이 말이 사실일 수도 있다. 시대가 변하면 가치관이 달라지고, 그에 맞춰 삶의 조건을 바꾸게 되니까. 그러나 정말로 저출생이 심각한 문제이고 국가의 존망을 좌우할 이슈라면 아이를 낳은 이들에게, 혹은 낳을 거라고 예상되는 이들에게 생색내기로 현금을 지급할 것이 아니라 아이를 낳고 키워도 차별과 불이익 없이 일할 수 있다는 실질적인 증거를 제시해야 한다.

사회의 역군으로 기능할 수 있을 것이라는 메시지를 들으며 성장한 여성들이 채용단계에서의 차별과 노동환경에서의 불평등을 감내하면서 버티고 있는 현재의 위치를 내려놓고 출산과 육아를 선택할 것이라는 예상은 빗나간 지 오래다. 또한 여성들은 앞으로도 그러한 선택을 하지 않을 것이다. 여성들의 희생을 담보로 국가가 생존할 수 있는 유효기간은 이미 끝났다.

그러게 왜
그런 놈을 좋아했어?

　　대한민국의 대다수 청년이 그렇듯 나 역시 대학입시에 찌든 고3 시절을 겪었다. 당시의 내가 반드시 서울에 있는 대학에 가리라 마음먹게 했던 몇 명의 사람이 있었는데, 그중 하나가 연예인 A였다. 그런 거 있지 않나. 저 사람은 나의 존재조차 모르지만 나는 저 사람의 팬으로서 자랑스러운 인간이고 싶은 감각. 저 가수 팬들 대단하더라, 역시 그 배우에 그 팬인가 봐. 그런 얘기를 듣게 해주고 싶다는 마음. 좋아하는 사람을 자랑스럽게 만들고 싶다는 마음은 엄청난 원동력을 가져다준다. 그래서 공부에 최선을 다했다. 예체능 쪽으로 타고난 소질이 없던 내가 할 수 있는 건 공부가 전부였기에, 서울에 있는 대학에 가서 그 사람의 활동을 가까이에서 더 자주 보고 싶었다.

나와 친한 지인들은 10년이 넘는 나의 '덕후' 이력을 잘 알 테지만, 그가 누구인지는 굳이 여기서 밝히고 싶지 않다. 가끔 언론 기사에서 그의 소식을 접할 때가 있는데 그때마다 느끼는 감정은 뭐랄까, 아주 오랜만에 동창회에 나타난 첫사랑이 완전히 망가진 모습으로 등장한 것 같은 그런 느낌이다.

아무튼 '인서울'에 성공한 후 본격적인 '덕질'을 시작했다. 행사를 찾아다니고 방송도 더 챙겨봤다. 그렇게 오랜 시간 '나의 연예인'이었던 사람이 어느 날부터 신문의 문화면이 아닌 사회면에 실리기 시작했다. 의혹과 추궁은 해묵은 스캔들과 오해까지 끌어올려 뒤범벅되었고, 그는 법정에서 집행유예를 선고받고 잠정적으로 활동을 중단했었다. 그 과정에서 나는 그 사람의 '덕질'을 그만두었다. 더는 온전히 응원할 자신이 없었다. 그 사람의 얼굴을 볼 때마다 그에게 피해당한 주변 사람들이 먼저 떠올랐다. 10년이 넘도록 그렇게 요란을 떨며 좋아했는데, 마음을 접겠다고 결정하니 과정은 생각보다 간단했다. 눈에 보이는 모든 것들을 치워버리니 끝났다.

최근 비슷한 이야기를 다룬 〈성덕〉이라는 다큐멘터리가 개봉하고, 이 다큐멘터리의 감독이 유명 방송 프로그램에 출연하면서 비슷한 경험담이 SNS에서 공유되었다. 참으로 씁쓸한 일이다. 대중의 사랑을 먹고사는 연예인이 물의를 일으켜 감옥에 가거나 연예계에서 퇴출까지 됐는데, 이런 일을 저지른 사람이 한두 명이 아니라서 공감대까지 형성되다니.

연예인을 향한 '덕질'이든 개인의 연애든, 여성이 사랑을 퍼붓던 대상이 법적으로, 도덕적으로 용납되지 않을 만한 일을 저질렀을 때 사람들은 쉽게 이야기한다. '그러게, 왜 그런 놈을 좋아했어. 뭐가 좋아서 간이고 쓸개고 다 빼줬어. 너도 참 미련하다…' 비슷한 상황이 남성에게 일어났을 때 사람들은 어떻게 위로할까? '야, 그 ×가 나쁜 ×야. 세상에 여자가 걔 하나냐? 한잔하고 잊어버려. 내가 소개팅 시켜줄게!'

분명 똑같은 상황임에도 여성은 질타당하고 남성은 위로받는다. 소위 말하는 '썸' 단계에선 또 어떠한가. 남녀가 서로 마음이 있는 쌍방 간의 썸이라면 문제 될 게 없지만 일방적인, 특히 남성이 여성을 향한 관심이 일방적일 때 사람들은 '넘어갈 때까지 찍어보라'고 조언한다. 넘어갈 때까지 찍혀야 하는 여성이 느끼는 두려움과 불편함은 안중에도 없다. 여성은 그저 목표물로 존재할 뿐이다. 관계가 원하는 대로 흘러가지 않으면 오롯이 여성의 탓으로 남는다. '여지를 준' 게 잘못이라며 목표물이 손아귀에 들어오지 않은 상태를 받아들이지 못하는 것이다.

"사랑해. 오늘도 안 만나주면 콱 죽어버릴 거야." 옛날 대중가요의 사랑은 왜 그렇게 격정적이고 처절했던 걸까? 내 님이 있는 곳은 오로지 하늘만이 알고 있고, 우리의 금지된 사랑을 가족과 친구 아무도 응원해 주지 않아도 괜찮았다. 나는 나의 사랑하는 연인과 죽을 때까지 함께 할 거니까. 아니면 내가 친구의 애인에게 반해 우정이 대차게 흔들리거나 나의 애인이 내 친구에게 반해 친구와 애인을 둘 다 잃게 되거나. 노래 한 편에 들어 있는 서사가 웬만한 영화 한 편과 맞먹는다. 이런 노래를 듣다 보면 요즘 길거리에 흘러나오는 유행가는 어딘가 간지럽고, '쯧쯧, 이렇게 가벼운 마음으로 사랑을 하다니' 같은 말을 해야 할 것만 같다.

드라마는 또 어떤가. 그 시절 드라마와 영화의 남자 주인공들은 왜 그렇게들 사랑하는 여자를 벽에 밀치고, 무력을 행사해 끌고 가고, 얼마면 너의 마음을 살 수 있냐며 소리치고, 내가 너 때문에 뭘 포기했는지 아느냐며 호통치고, 상대가 싫다고 해도 따라다니고, 강제로 키스하고, 일거수일투족을 지켜보고, 다른 사람은 만나지 말라고 단속하고, 너 없으면 죽어버리겠다고 협박하고, 한 여자를 두고 남자들끼리 치고받다가 어디 한 군데는 터져서 죄책감을 유발하고, 우리 사이를 사람들에게 알리고 싶다고 조르고, 그 옷은 내 앞에서만 입으라고 명령하는지.

극 중 주인공의 마음이 얼마나 큰지 보여주기 위한 호소의 장치였을 거라고 최대한 선의로 해석하고 싶지만, 이제는 이런 행동이 더는 로맨틱하게 다가오지 않는다. 이는 명백한 데이트 폭력이고 스토킹이다.

데이트폭력은 데이트관계에서 발생하는 언어적, 정서적, 경제적, 성적, 신체적 폭력을 말한다. 데이트관계란 과거 혹은 현재의 연인 사이, 그리고 앞으로 연인 사이가 될 가능성을 가지고 맺는 관계다. 관계를 정리하자는 요청을 거부하거나, 이별하더라도 집요하게 매달리는 경우 또한 데이트폭력과 스토킹의 범주에 속한다. 데이트폭력과 스토킹 가해자들은 사랑해서 나도 모르게 그랬다며 피해자들을 달래고 구슬려 이런 범죄를 반복적으로 저지르기도 하고, 피해자들은 한때 사랑했던 사이라는 명분 또는 거절했을 때의 보복이 두려워서 폭력의 굴레에서 벗어날 수 없게 된다.

대한민국에서 '스토킹 범죄의 처벌 등에 관한 법률안(이하 스토킹처벌법)'이 국회를 통과한 것은 2021년 3월의 일이다. 스토킹 처벌법에서 정의되는 '스토킹 행위'는 상대방의 의사에 반하여 정당한 이유 없이 상대방 또는 그의 동거인, 가족에 대하여 특정 행위를 해 상대방에게 불안감 또는 공포심을 일으키는 것을 말한다. '스토킹 범죄'는 스토킹 행위가 지속적이고 반복적으로 일어날 때 성립된다. 다시 말하면, 이제 여자 주인공이 싫다는 의사를 분명히 밝혔는데도, 남자 주인공이 밤늦게 여자 주인공의 집 앞을 반복적으로 서성인다면 스토킹 범죄로 처벌받을 수 있다는 얘기다.

스토킹 처벌법이 국회에 처음 등장한 것은 1999년, 15대 국회 때였다. 이것이 범죄라고 법적인 합의를 얻어낼 때까지 무려 22년이 걸린 셈이다. 스토킹 처벌법이 화제가 된 데에는 또 다른 이유가 있었는데, 시행 첫날인 2021년 10월 21일에만 92건의 피해 신고가 접수되었기 때문이다. 그동안 유사한 사례가 얼마나 많이 반복되어 왔는지, 그럼에도 얼마나 사회적으로 문제의식이 낮았는지 보여주는 적나라한 예시가 되었다.

스토킹 처벌법이 시행되기 전에는, 집 앞에서 무작정 기다리고, 죽어버리겠다고 협박하고, 우리 사이가 얼마나 깊었는지 직장 동료들에게 폭로해 버리겠다는 이런 행동들은 거의 경범죄로 분류돼 처리되었다. 대한민국 형법이 정의한 경범죄에는 빈집에 숨어있는 것, 노상방뇨, 음주소란, 암표 및 새치기, 무임승차, 무전취식, 장난전화, 금연 장소에서의 흡연 등이 있다. '구애'와 '애정 행각'으로 간주되었던 스토킹 행위를 한 가해자는 범칙금 10만 원 정도면 풀려날 수 있었고, 높은 재범률에 이어 방화, 폭행, 살인미수, 살인까지 연결되고 나서야 스토킹 피해자가 얼마나 큰 고통을 받고 있었는지 인식하는 수준이었다.

스토킹 처벌법이 시행된 현재에도 이 법의 원안이 보호자를 제대로 보호하고 있지 않다는 지적이 전문가와 시민사회에서 잇따르고, 스토킹 가해자가 피해자 일가족을 전부 살해하는 끔찍한 사건도 벌어진다. 최근 스토킹 처벌법의 반의사불벌죄(피해자가 처벌을 원하지 않는다는 명시적인 의사표시를 하는 경우 처벌할 수 없는 범죄) 또한 폐지되면서 실질적으로 피해자들을 보호하고, 이런 일이 일어나지 않도록 예방하는 조치가 취해지고 있지만 여전히 법의 실효성에 대한 비판이 제기되고 있다.

사랑이라는 감정이 오가는 사이에서 일어나는 일들은 때때로 인간의 이성적 범주를 벗어난다. 우리가 하는 거의 모든 미친 짓은 사랑 때문이 아니던가. 그럼에도 불

구하고 데이트폭력과 스토킹은 로맨스의 범주에 포함
되어서는 안 된다. 데이트폭력과 스토킹의 본질은 '과도
한 애정표현, 자신의 마음을 주체하지 못해서 무심코 해
버리는 행동'이 아니라, 상대방을 완전히 통제하려는 욕
구와 자신을 거부한 누군가가 물리적, 심리적으로 회복
되지 못 할 만큼 크고 깊게 망가졌으면 좋겠다는 복수심,
그리하여 반드시 저 사람을 내가 갖거나, 내가 갖지 못하
면 그 누구도 갖지 못하게 만들겠다는 집착이다.

　'때리는 것 말고는 참 좋은 사람인데' '널 얼마나 좋
아하면 그랬겠어' 라는 말 또한 성립될 수 없다. '그러게
왜 그런 사람을 만났어?'라는 말도 피해자에게 도움이
되기는커녕, 폭력의 원인을 피해자에게 돌리는 2차 가해
다. 이것은 로맨스가 아니다. 폭력은 사랑이 될 수 없고,
되어서도 안 된다.

피해자라면서
왜 저렇게 당당해?

　　최근 몇 년간 대한민국에서 진행되는 성범죄에 대한 주된 논의는 성범죄 예방과 처벌 강화보다는 죄 없는 선량한 사람의 인생을 파멸시킬 수도 있는 위중한 범죄라는 '무고죄'로 옮겨가는 것 같다. 실제로 포털사이트에 '성범죄'를 검색하면 가장 먼저 뜨는 것이 성범죄경력조회다. 그 아래로 성범죄경력조회동의서, 성범죄 신고 등이 뜨는데 5위 정도에 성범죄 무고죄가 올라와 있다. 성범죄 예방, 처벌강화는 상위 10위권 내에서 찾아볼 수조차 없다.

무고죄란 피해 사실을 거짓으로 신고하는 범죄, 즉 허위신고를 말한다. 성범죄 무고죄가 성립하려면 ① 성범죄가 일어나지 않아야 했고, ② 피해를 신고한 피해자가 성범죄가 일어나지 않았다는 사실을 인지한 상태인데, ③ 가해자를 처벌하기 위해서 성범죄 피해를 입었다고 허위로 신고해야 한다. 꽤나 복잡한 요건인데도, 사람들은 성범죄 무고죄가 온전히 성립되는 경우가 많다고 생각하는 것 같다. 그리고 비단 성범죄에서만 무고죄가 성립하는 것도 아닌데, '무고죄'는 성범죄에서만 크게 부각되는 측면이 있다.

만19세 이상 64세 이하 남녀 1만 명을 대상으로 실시한 조사에 따르면, '상대에 대한 분노와 복수심 때문에 성폭력을 거짓으로 신고하는 사람도 있다'라는 문항에 응답자 40%가 '그렇다'라고 대답했다.

성폭력 사건의 가해자를 무고죄의 피해자로 전환해 새로이 수사하기 위해서는 다음의 세 가지 조건이 온전히 성립해야 한다.

① 경찰은 반드시 성폭력 사건을 철저하게 수사해

완벽하게 마쳐야 한다.

② 수사 결과 어떠한 성폭력도 없었고, 그 성폭력이 시도조차 되지 않았다는 증거를 제시해야 한다.

③ 경찰은 그 신고가 무고라는 것을 판단하는 데 있어서 피해자 행동 및 반응으로 무고여부를 판단해서는 안 된다.

그런데 우리나라는 아직도 성범죄 피해자가 취해야 하는 전형적인 특징이 있어서 이 특징에서 조금이라도 벗어나는 피해자가 등장하면 무고죄의 가능성부터 염두에 두기 시작한다. 실제 성폭력 무고죄 수사과정에서 들었던 말을 증언한 사람이 있었다. "너 같은 피해자를 본 적이 없다." "허위신고를 한 죄, 자기변호를 위해 사선 변호사를 선임한 것이 죄이며, 그래서 죄질이 나쁘다."는 얘기가 수사관에게서 나왔다고 증언했다. 전형적인 피해자의 특징에서 벗어나 자신을 적극적으로 보호했다는 것이 죄가 된 이 사람은 2년 8개월 동안 무고죄 가해자로 법정에서 투쟁해야 했고, 대법원에서 최종 무죄 판결을 받게 된다.

성범죄 피해자의 '자격'을 얻는 것은 거의 불가능에 가깝다. 여성으로서 가장 치욕스러운 일을 당했고, 여자로서의 인생이 파탄 났기 때문에 제정신이 아니어야 하지만 그와 동시에 동일한 내용의 진술을 일관적으로 반복해야 한다. 그 일이 일어났던 건 사실이니까. 피해자의 기억은 달라질 리 없으니까. 자기주장이 확실하고 스스로를 보호할 줄 아는 여성은 피해자일 리가 없다. 피해자는 응당 주눅 들어 있어야 하고 수사관이 하자는 대로 하되 그 와중에 증언은 확실해야 한다. 새롭게 추가되는 증언은 신빙성이 없다. 일관적이지 않으니까.

피해자의 상황을 고려하지 않은 채 '피해자다움'만을 강요받으며 실질적으로 법의 보호를 받지 못한 여성은 훨씬 많을 것이다. 우리나라에서 일어나는 성범죄 피해자 대부분은 여성이다. 여성의 피해호소가 수사기관에 제대로 전달되지 않는 이유, 그리고 여성의 증언이 신뢰되지 않는 단 하나의 이유가 피해자의 성별, 즉 그가 여성이기 때문이고 피해자는 전형적인 모습을 갖춰야 하기 때문이라면 이는 피해자에 대한 2차 가해다.

다시 돌아가서, 2017년에서 2018년까지 2년간 검찰이 처리한 성폭력 범죄 인원수는 중복을 제외하고 7만 1,740명이다. 이 중 성폭력 피해자에 대한 무고죄 기소율, 그러니까 검사가 사건을 조사해서 무고죄가 성립한다고 판단하여 법원에 소송을 제기하는 비율은 성폭력 피의자 기소율 대비 0.78%였다. 그리고 이 중에서도 유죄가 선고된 비율은 6.4%다. 숫자를 계산해 보면 35명 내외다. 사람들의 통념에 비해서는 숫자가 지나치게 소소하고 아담하다.

국제사회에서는 성폭력 피해자에 대한 가해자의 무고죄 역고소가 피해자의 증언을 막고 사건의 진실을 조사하는 데 방해가 된다고 본다. 2018년 UN 여성차별철폐위원회에서는 역고소로 형사소송절차가 지나치게 남용되는 것을 방지하기 위한 조치를 취할 것을 대한민국 정부에 권고했다. 같은 해 한국형사정책연구원에서는 성폭력 피해자 조사과정에서의 2차 피해를 방지하기 위해 개선과 제도 도입이 필요하다고 발표한 바 있다. 현 대통령이 대선후보일 때 내놓은 공약 중 하나가 성폭력 무고죄 처벌 강화였는데, 국제사회의 흐름과 역행하는 것이라고 볼 수 있겠다.

열 명의 범죄자를 놓치더라도 한 명의 무고한 시민이 고통받으면 안 된다는 격언이 있는 만큼 무고한 시민, 있을 수 있다. 우리가 알지 못하는, 드러나지 않은 피해자가 어딘가에 있을 수 있다. 그러나 '성폭력 무고죄'와 피해자의 전형성에 대한 사회의 편견, 그로 인한 성폭력 피해자에 대한 2차 가해는 실제적인 통계와 사실보다 왜곡되어 사회에 뿌리 깊게 박혀 있다. 성범죄 가해자에게 억울한 희생양의 이미지를 입히고, 무고죄 역고소로 성폭력 피해자의 입을 막으며, 전형적이지 않은 피해자는 피해자일 리 없다며 법적인 보호를 제대로 제공하지 않는 것은 과연 누구에게 이로운 일인지 다시 한번 생각해 볼 일이다.

너만 참으면
모두가 행복해

몇 년 전 동남아시아의 한 국가로 가족 여행을 갔다. 패키지 여행상품들이 대부분 그렇듯, 가이드 한 명과 몇 개의 그룹이 함께 대형버스를 타고 관광지와 쇼핑센터, 식당 등을 다니는 방식이었다. 우리를 담당했던 남성 가이드는 노련하고 효율적으로 여행객을 이끌었다. 친절하고 싹싹한 그의 태도를 마음에 들어 했던 한 그룹이 사비를 각출해 꽤 큰 금액을 팁으로 건넸을 정도였다.

여행은 전반적으로 즐거웠다. 짧은 일정이었지만 한국과는 다른 날씨와 맛있는 음식, 새로운 풍경을 만끽

할 수 있었다. 동시에 내가 얼마나 '예민한' 사람인지 깨달은 계기이기도 했다. 여행 내내 간헐적으로 반복됐던, 타인의 무신경한 말들은 내 속을 깊게 긁으며 신경을 건드렸다.

우리가 탄 버스가 어떤 사원을 지나갈 때 가이드는 이런 '농담'도 했다. "사원 왼쪽에 있는 큰 기둥 보이시죠? 옛날에 어떤 여자가 아이를 낳고 싶어 했는데 잘 안 생겼대요. 그러다가 사원의 기둥을 왼쪽으로 돌면 아들을 낳고, 오른쪽으로 돌면 딸을 낳을 거라는 얘기를 들었답니다. 그런데 사원에 도착했는데 어떤 방향으로 돌아야 아들을 낳는지 잊어버렸대요. 그래서 에라 모르겠다, 하고 양쪽을 다 돌았는데 태어난 아이가 트랜스젠더였답니다."

여기저기서 폭소가 터졌지만 나는 웃지 못했다. 만약 《트랜스젠더 혐오 표현 101》 같은 책이 세상에 존재한다면 그 책의 제1장에 나올법한 표현이었다. 불쾌했다. 불쾌함을 넘어 역겨운 기분마저 들었다. 내가 트랜스젠더로 정체화한 당사자로 그 자리에 있었다면 모멸감을 느꼈을 것 같았다.

그날 저녁엔 우리 가족과 다른 팀이 한 테이블에서 식사를 했다. ××시의 학부모 모임이라고 하는 걸 보아, 마음이 맞는 학부모들끼리 함께 여행을 온 듯했다. 한 테이블에 앉아있으니 '그들만의 대화'가 들릴 수밖에 없었는데, 나는 식사 내내 내 귀를 의심할 수밖에 없었다.

"우리 애는 내년에 남자 중학교 보내려고요. 그 학교가 내신이 잘 나오더라고요. 내신도 내신인데, 요즘 여자애들 보통이 아니야. 여우 같은 애가 우리 애 꼬셔서 임신이라도 하면 우리 아들 인생 망하는 거잖아요." "맞아요. 요즘 애들 너무 무서워." "아! A 학생 엄마 단톡방에 초대했어요?" "안 했어요. B 엄마도 안 했어. 둘이 같은 단지에 살잖아요." "잘했어요. 아무래도 좀 그렇지." "어머, B도 ○○단지 살아요?" "몰랐어요?" "어머, 몰랐어요."

이 내용은 거짓말 같지만 사실이다. 나는 내가 주문한, 심지어 맛까지 훌륭했던 메뉴가 절반 이상 남아있었음에도 숟가락을 내려놓을 수밖에 없었다. 뭘 먹을 기분이 아니었다.

나는 그들이 말하는 여우 같고 무서운 '여자애'였고, 내 기준에선 충분했지만 그들의 기준에선 넉넉하지 않거나 평범한 집안에서 자랐다. 그들이 밥알을 씹으며 나누는 대화를 듣고 있자니, 그들 입안에 들어있는 게 밥알이 아니라 어릴 때의 나, 지금을 살아가는 나, 그리고 앞으로 이런 순간을 겪으며 살아가야 할 나 같았다.

그들의 이야기를 어떻게 받아들여야 할지, 부글부글 복장 터지는 심정을 그대로 드러내도 될지 고민했다. 아니, 그건 고민이 아니라 나 스스로 행하는 자기검열이었다. 여행 중 느꼈던 크고 작은 거슬림 중에서 단연 최고를 차지한 순간이었다. 내가 나를 검열해야만 했던 그 시간이 몹시 괴롭고 절망적이었다.

나는 단체여행이라는 핑계로 여행 내내 입을 다물고 있었다. 그들의 대화에 끼어들어 '그 말은 차별적이다' 일갈하고 싶었지만 그 후의 분위기가 예상됐다. 행여 대화가 가열되어 내가 태어나고 자란 곳이 어디인지, 어느 학교를 졸업했는지 그들이 알게 되면 '역시, 그 동네 출신, 그 학교 출신'이라는 얘기가 나올까 봐. 그래서 내가 태어나고 자란 곳, 내가 다닌 학교, 내 친구들까지 욕을 먹을까 봐 가만히 있어야 한다고 생각했다. 게다가 그 여행은 적지 않은 여행 경비를 모아 어렵게 시간을 맞춰서 떠난 가족 여행이었다. 나만 참으면, 내가 참아야 모두가 행복할 거라고 생각했다.

입을 다물수록 오래 묵은 체념과 환멸이 스멀스멀 목구멍을 타고 올라왔다. 학교에서 배운 지식과 논리가 용기 없는 사람에게는 얼마나 쓸모없는 것인지 절감했다. 그리고 그런 생각을 하는 나를 또 검열하고 끌어내렸다. 두 개의 자아로 분리되어 내가 나를 조롱했다. '역시, 너는 자격이 없네. 그렇게 똑똑하고 많이 배웠다고 나대봤자 쓸모없잖아. 어디 가서 잘난 척이나 하지 마라. 쯧쯧'

네이버 국어사전에서 '검열'은 "1. 어떤 행위나 사업 따위를 살펴 조사하는 일, 2. 군기, 교육, 작전 준비, 장비 따위의 군사 상태를 살펴보는 일, 3. 언론, 출판, 보도, 연극, 영화, 우편물 따위의 내용을 사전에 심사하여 그 발표를 통제하는 일(사상을 통제하거나 치안을 유지하기 위한 것이다), 4. 정신 분석에서, 인간의 마음속에 있는 위험한 욕망을 도덕적 의지로 억눌러 의식의 표면에 떠오르지 않도록 하는 일"로 정의된다.

오랜 독재정권을 겪었던 대한민국에서 검열이라는 단어는 주로 3번의 의미로 통용되는 것 같다. 사상을 통제하거나 치안을 유지하기 위해 내용을 사전에 심사하여 발표를 통제하는 일. 자기검열 또한 비슷한 맥락으로 흘러가는 것 같다. 내 생각을 사전에 심사하여 통제하면 주변의 치안, 주변의 환경을 지금 상태로 유지할 수 있는, 한마디로 나만 참으면 모두가 행복할 수 있는 상황 말이다.

가만히 있어, 나서지 마, 튀지 마, 조용히 있어, 내 생각이 맞는 걸까? 상대가 싫어하면 어쩌지… 이런 자기검열과 자기통제는 대한민국 사회의 경쟁문화, 완벽주의, 성과중심주의 등과 얽혀서 일을 더욱 복잡하게 만든다. 우리는 준비가 완벽하지 않으면 시도조차 하지 않는다. 과정에서 생길 수 있는 예상하지 못한 문제들까지 예측해서 대비해야 한다고 생각한다.

이 잣대는 여성들에게 더욱 엄격하고 가혹하다. 당

연한 이야기지만 '자기검열 DNA'를 가지고 태어난 여성은 없을 것이다. 여성의 자기검열은 자라면서 '학습'된다. 남들과 '다른' 것을 '틀린' 것으로 간주하며 모두가 똑같은 모습이기를 명시적으로, 혹은 은밀하게 종용하는 대한민국의 사회적 분위기와 여성을 향한 차별과 억압이 합쳐지면서 여성들의 성장과정은 스스로와 불화하는 방향으로 향한다. 그러면서 사회의 기준을 자신의 신념이라고 믿게 된다. 외부의 통제가 개인의 내면에 자리 잡게 되면 외부의 힘이 사라져도 통제는 자기검열의 형태로 유지된다.

그러니까 우리 모두 사회의 억압과 굴레를 벗어던지고, 하고 싶은 대로 막 살자는 말이 아니다. 다만, 나의 일상이 자유롭지 않다면 그걸 방해하는 게 무엇인지, 나를 나로 살 수 없게 만드는 것은 무엇인지 생각해 보자는 거다. 그 이유를 찾고, 나만의 일이 아니라는 것을 알았다면 그다음에 우리는 또 어떤 목소리를 내야 할지 생각해 봐야 한다.

야,
너도 페미 해?

　오랜만에 만난 지인들과 신나게 근황 업데이트를 하다 보면 요즘엔 뭘 하며 일상을 보내는지 말하고 듣게 된다. 어떤 친구는 공부를 하고, 어떤 친구는 휴식기를 가지면서 그동안 못했던 일들을 시도하고 있다. 나는 대부분 시간을 회사에서 보내고 있으니 내가 하는 '일'을 이야기하는 경우가 많다. '여성의 일상을 콘텐츠와 예술로 연결하는 일을 하고 있다'고 설명하는 편이다.

　여러 사람이 모인 자리나 친분이 깊지 않은 사람과 만날 때는 '여성인권단체에서 일한다'고 간략하게 말한다. 여성인권단체라는 말이 꽤 생소하거나 혹은 신기한지 질문이 이어지는 경우가 많다. 단체의 성격이나 일하게 된 계기, 일은 재밌는지, 정확히 어떤 일을 하는지, 비영리단체는 어떻게 수익을 내는지, 월급은 제대로 나오는지 등등의 평범한 질문도 있고, 주변을 슬쩍 둘러보고 낮은 목소리로 묻는 사람도 있다.

"그럼, 너 페미니스트야?"

"페미니스트지 그럼."

"그렇구나, 나는 그런 거 이상한 사람들이나 하는 줄 알았는데. 네가 한다니까 의외야."

대화가 여기까지 이르면, 이제 내가 질문할 차례다. "네가 생각하는 페미니스트는 어떤 사람이야?" 내가 이 질문을 했을 때, 페미니스트의 정확한 의미 또는 본인의 확고한 생각을 말해주는 사람은 드물었다. 얼핏 듣거나 얼핏 본 대로 여성우월주의자, 극단적인 사람들, 심지어 사회 부적응자 같다는 표현이 나올 때도 있었다. 그러면서도 스스로 페미니스트임을 밝히는 사람들이 대단하다고, 용기 있는 사람들 같다고 말했다. 성차별이 옳지 않다는 것은 알지만 페미니즘과 페미니스트는 부정적인 이미지라고, 우리나라의 페미니즘은 변질된 것 같다고도 했다.

여러 명이 모인 자리에서 성차별과 관련된 이슈를 이야기할 때 '나는 페미니스트는 아니지만'이라는 말로 서두를 시작하는 사람도 많다. 이해는 된다. 그들이 이렇게 '조심스러워'하는 이유는 몇 년 사이 미디어에 조명된 일련의 사건들과도 관련되었을 거라고 생각한다. SNS의 발달과 유튜브의 대중화로 전문방송인과 비방송인의 경계가 그 어느 때보다 모호해졌다. 전문인이든 비전문인이든 얼굴을 드러내고 자신의 '성향'을 밝히는 순간 공공의 표적이 되는 건 시간문제다. 우리에게도 그런 일이 일어나지 않으리라는 보장은 없다. 한국 사회에서, 특히 인터넷상에서 공개적으로 페미니스트임을 선언하는 유명인은 각종 인신공격과 악성 댓글의 대상이 된다.

그뿐만이 아니다. 페미니스트라고 공개 선언하지 않았는데, 페미니스트로 추정되는 단서만으로 공격당하고 일자리까지 잃은 사람도 있었다. 몇 년 새 사이버상에서 여성 유명인들에게 가해지는 공격의 빈도는 급증했고, 공격 수위도 심화되었다. 공격받는 이들의 공통점은 특정 걸그룹의 팬임을 드러내고, 특정 책을 읽었거나, 특정 영화를 언급하거나, 특정 헤어스타일을 하거나, 여대에 다니며 '남성혐오단어'로 인식되는 말을 개인 SNS에 올렸다는 것이었다. 몇몇 기사에서는 '페미니스트 논란'이라는 헤드라인을 뽑아 그 사람에게 해명하기를 노골적으로 혹은 은밀하게 요구하기도 했고, 댓글 테러에 불매운동까지 일어나는 경우도 있었다.

이처럼 사람들이 하나같이 입을 모아 '페미니스트임을 사과하라'고 요구하는데, 그런 사람들과 내 친구가 같은 카테고리에 있다면 친구를 걱정하는 마음이 생길 수도 있다. 내 친구 또는 내 가족이 욕먹고 상처받는 걸 좋아하는 사람은 없을 테니까. 그래도 그런 마음이 드는 것과 그 마음을 빌미로 나에게 설명과 해명을 요구하는 것은 조금 다른 선상에서 짚어봐야 할 부분인 것 같다.

공신력 있는 사전Merriam-Webster, Britannica, Oxford에서 '페미니즘Feminism'을 검색하면 다음과 같은 결과가 나온다.

- 성평등에 기반한 여성의 권리 옹호
- 정치적, 경제적, 사회적으로 성평등해야 한다는 이론
- 남성과 여성이 동등한 권리와 기회를 가져야 한다는 믿음
- 여성의 사회적, 정치적, 기타 다른 권리를 남성의 그것과 동일하게 해야 한다는 신념

조금 더 자세히 얘기를 해본다면, 페미니즘은 관념, 집단적 정치활동, 지적 체계의 내용을 품고 있다. 관념으로서의 페미니즘은 여성과 남성은 동등한 존재라는 개념이다. 집단적 정치활동으로서의 페미니즘은 '성차별주의와 그에 근거한 착취, 억압을 끝내려는 운동'을 말한다. 또한 지적체계로서의 페미니즘은 질문을 던지고 답을 찾는 방법이면서 지금까지의 시스템을 다시 생각해보는 분석 모형의 하나다. 페미니즘이 무엇인지 정의를 내릴 때 이 내용들이 전부 포함되거나, 일부만 가지고 얘

기하는 것일지도 모르겠다. 그렇지만 나에게는 결국 사람은 타고난 성에 상관없이 동일한 권리를 가져야 한다는 것이 페미니즘의 핵심이다. 이 신념을 믿는 사람이라면 페미니스트라고 말할 수 있다. 연구하고 활동하는 영역에 따라, 관심분야에 따라, 그리고 이 신념을 현실로 만들어 내기 위해 사용하는 수단에 따라 조금씩 달라질 뿐, 궁극적으로 페미니즘은 특정 소수 집단을 배제하고 차별해 왔던 잘못된 것을 바로잡기 위한 움직임이다.

한국여성단체연합에서는 페미니즘은 '계급, 인종, 종족, 능력, 성적 지향, 지리적 위치, 국적 혹은 다른 형태의 사회적 배제와 더불어, 생물학적 성과 사회문화적 성별로 인해 발생하는 모든 형태의 차별을 없애기 위한 다양한 이론과 정치적 의제들', 그리고 페미니스트는 이러한 페미니즘을 지지하고 실천하는 사람이라고 정의한 바 있다.

이런 내용들은 각종 사전과 논문, 단행본들에서 충분히 찾아볼 수 있는 내용이라 지면까지 할애하며 다시 설명하는 것조차 민망하다. 그런데 무슨 이유에서인지 사람들은 유독 페미니즘, 여성주의와 관련해서는 나무

위키를 거의 교과서처럼 탐독하고 신봉하는 것 같다. 그리고 그 내용을 주변에 페미니스트처럼 보이거나, 페미니즘 활동을 하는 사람에게 설명해달라고 요구한다. 또한 질문받은 사람은 현재 사회에서 논의되고 있는 여성주의와 관련한 모든 질문에 빈틈없이 반박할 수 있는 지식을 가지고 있어야 한다고 생각하고, 그 지식을 쉬운 말로 풀어내 납득시켜 주기를 바란다. 납득시키는 과정에서 페미니스트가 주장하는 내용과 그걸 설명하기 위해 사용하는 어휘는 듣는 이의 심기를 거스르면 안 된다. 그리고 그 의견이 전 세계 페미니스트들의 의견과 일치할 거라고 믿어버린다.

이런 상황은 나도 많이 겪어본 일이다. 익숙한 오해를 애써 웃어넘기며 마주 앉은 사람에 대한 예의와 애정으로 친절하게 설명하면 그들은 그렇게 이야기한다.

"다른 페미니스트들도 너처럼 친절하게 말한다면 나도 페미니즘에 찬성할 수도 있을 텐데."

불특정 다수와 소통할 수 있는 창구를 열어둔 유명

인에게 '페미 논란에 대해 사과하라'고 요구하는 것, 특정 개인에게 페미니즘에 대한 설명을 요구하면서 상대방의 사상을 검증하는 것, 그 모든 것들은 '페미니즘이 옳은 신념인지 아닌지, 이 사람이 페미니스트인지 아닌지'를 당사자가 아닌 외부의 시선이 결정할 수 있고, 그럴 권리가 있다고 생각하는 것을 전제로 하는 행동이다.

사과를 요구하는 것 또한 마찬가지다. 어떤 연예인이 페미니스트인데, 그것을 왜 대중에게 사과해야 하는 걸까? '사과받을 자격'이 있다고 생각하는 것은 페미니즘에 동의하는 것이 잘못된 행동이라고 생각하고, 이것이 나에게 피해를 주었다고 생각하는 것이다. 금전적, 물리적 피해는 전혀 없었고 사회적으로 물의를 일으키지도 않았지만, 그저 내 기분이 상했으니까. 이 행동의 본질은 통제다. 상대방을 내 입맛대로 만드는 것이다. 이런 요구를 하는 사람들에게 특정 개인이 페미니스트인지 아닌지, 극단적 페미니스트인지 아닌지는 중요하지 않다. 페미니즘은 그저 핑계일 뿐이다. 상대방의 의도도 중요하지 않다. 내 기분이 상했다는 것이 가장 큰 문제다. 내가 공격한 대상이 사과하고, 내가 그 사과를 받는다.

이런 일련의 행동은 내가 상대방보다 우위에 있음을 스스로 확인하기 위한 수단이다.

이것이 궁극적인 목적이다. 내가 너보다 위에 위에 있음을 증명하는 것. 해명의 내용은 뒷전이고, 형식과 '진정성'이 내 구미에 맞으면 된다. 그가 성심성의껏 나를 설득해 주는 그 행위 자체가 내가 의미 있는 사람임을 확인하는 과정이다. 나는 그럴 자격이 되는 사람이니까.

해서 이 자리를 빌려 나의 사랑하는 모든 이들에게, 그리고 앞으로 페미니스트에게 이런 설명을 요구할 많은 분에게 꼭 당부하고 싶은 내용이 있다. 그 사람이 당신에게 친절한 것은 당신의 지인이며 친구이기 때문에 친절을 베푸는 것이다. 그 호의는 화수분처럼 끊임없이 솟아나는 것이 아니다. 일종의 사상검증과도 같은 그런 대화를 당신의 지인이 해야 할 필요는 없다. 그리고 당신 앞에 앉아있는(혹은 서 있거나 누워있거나 엎드려 있거나 어떠한 자세와 상태로 존재하는) 이가 모든 페미니스트를 대표해 그 자리에 있는 것도 아니다. 또한 모든 페미니스트가 당신이 이해하고 납득하고 받아들일 때까지 페미니즘을 설명해 줄 의무는 없다.

공신력 있고 믿을 만한 자료를 어디서 어떻게 찾아야 할지 모르겠다면 저명한 저서와 학자들, 인상적인 프로그램들과 강의를 추천해 줄 수 있다. 그러니까 우리나라의 페미니즘이 변질됐다, 제대로 된 페미니스트가 없다, 우리나라 페미니즘은 래디컬이 대다수고 그들은 여성우월주의자며 세상을 혼란에 빠뜨리는 이기적인 사람들이라고 얘기하기 전에 어떤 사람들이 어떻게 활동하고 있는지 들여다보는 척이라도 해보자.

물론, 상대방의 사상을 검증하고 행동을 통제하기 위한 의도가 아닐 거라고 믿고 싶다. 그렇지만 혹시라도 본인이 다른 영역과 분야에 비해 페미니즘에 대해서만 이렇게 행동하고 있지는 않은지 한 번쯤 되돌아봐 주면 좋겠다. 우리가 함께 보냈던 시간이 그 정도의 값어치는 될 거라고 믿는다.

나의 일상이 자유롭지 않다면

그걸 방해하는 게 무엇인지,

나를 나로 살 수 없게 만드는 게 무엇인지

생각해봐야 한다.

참고문헌

1. 일상의 기습

여학교 앞에 바바리맨 없는 게 더 이상하지

- 고석현, '할아배 애낳을 13세女 구함' 현수막 내건 60대 황당 궤변, 중앙일보, 2022. 03. 18.
- 세계일보 온라인 뉴스부, 서울대 기숙사 女 속옷 도난사건 빈발, 세계일보, 2009. 08. 05.

용모단정한 분만 지원해주세요

- 박수진, CGV, 여성 알바에 빨간 립스틱 바르라, 한겨레, 2016. 04. 01.
- 신은정, '넌 꼬질하니깐 -500원' CGV 女알바 꼬질이 벌점 논란, 국민일보, 2016. 04. 01.

이거 다 못 먹죠? 좀 덜어갈게요

- 김현정, '남성과 여성손님 밥 양 달라…' 식당 저격에 사장 '차별 아냐', 매일경제, 2023. 02. 27.
- 선명수, 안전도 돈으로 사야 하나… 생리대값에 숨은 꼼수, 경향신문, 2017. 09. 09.
- 윤해리, '여자니까…' 음식 덜 주는 식당 어떻게 생각하세요?, 매일경제, 2017. 12. 07.
- 페미위키, 핑크 택스, https://femiwiki.com/w/%ED%95%91%ED%81%AC_%ED%83%9D%EC%8A%A4, (검색일: 2023. 06. 15)

- 한승곤, '왜 여자만 적게 주죠?' 식당가 '음식 성차별' 피해, SNS 줄이어, 아시아경제, 2020. 01. 21.
- Amy fontainel, What Is the Pink Tax? Impact on Women, Regulation, and Laws, Investopedia, 2023. 03. 03.
- Melanie Lockert, The influence of 'the pink tax' is about more than just higher prices. Here's how it works and how it affects women's finances, Personal Finance, 2022. 03. 09.

팔자 센 딸? 절대 안 돼!

- 김소정, '대한민국 출산지도' 비난 봇물… 무슨 일?, 동아일보, 2016. 12. 29.
- 박진형, MBTI 인기의 비밀: 바넘 효과, The Psychology Times, 2022. 08. 25.
- 이에스더, 30년만에 반전… 최악의 '여아 낙태' 재앙은 끝나지 않았다, 중앙일보, 2022. 06. 04.
- 정하경, 대한민국 출산지도? '여성이 출산 기계입니까', 오마이뉴스, 2016. 12. 29.
- 중앙일보, 역학으로 살펴본 임신년. 신생아 고집 세고 두뇌 명석, 중앙일보, 1991. 12. 31.
- 최한주, '개띠'라고 모두 같은 '개팔자'?, 머니투데이, 2013. 09. 26.
- 한겨레 목소리,들5, 90년생 백말띠 여자, 내 배를 세게 때렸다, 한겨레, 2020. 12. 21.
- 한국민족문화대백과사전, 개띠, https://encykorea.aks.ac.kr/Article/Search/%EA%B0%9C%EB%9D%A0?field=&type=&alias=false&body=false&containdesc=false&keyword=%EA%B0%9C%EB%9D%A0, (검색일: 2023. 06. 15)
- 한국민족문화대백과사전, 남아선호사상, https://encykorea.aks.ac.kr/Article/Search/%EB%82%A8%EC%95%84%EC%84%A0%ED%98%B8%EC%82%AC%EC%83%81?field=&type=&alias=false&body=false&containdesc=false&keyword=%EB%82%A8%EC%95%84%EC%84%A0%ED%98%B8%EC%82%AC%EC%83%81, (검색일: 2023. 06. 15)
- 한국보건사회연구원, 제 13차 인구포럼: 주요 저출산대책의 성과와 향후 발전방향 자료집, 2017. 02. 24.
- 한해진, '여성 고스펙, 저출산 원인' 주장 연구원 보직 사퇴, 데일리메디, 2017. 02. 27.
- 홍승아, 시대별 표어로 살펴본 우리나라 출산정책, KDI 경제정보센터, 2014. 12. 01.

아드님 안 계세요? 따님은 상주(喪主)못 해요

- 김다슴, 엄마 돌아가셔서 딸인 제가 '상주' 한다고 했더니 장례지도사가 절대 안 된 다고 말립니다, 비즈니스 인사이트, 2021.05.12.
- 김충현, 시대 바뀌었는데 장례는 제자리?··· 女상주도 가능, STN, 2021.09.07.
- 노기홍, 딸은 왜 상주가 될 수 없나요··· 두 번의 장례식을 치르며, 오마이뉴스, 2008. 04.28.
- 박수지, 언니 장례식의 상주가 되기 위해 "여자가 아니다"라고 했다. 한겨레, 2021.12.21.
- 송효진, 한국 장례에 대한 국민인식조사 및 성평등한 장례문화 모색, 한국여성정책 연구원 이슈페이퍼, 2020.11.30.
- 신혜지, "여자는 왜 '상주'가 될 수 없나?"··· 남성중심 장례문화에 대한 반기, 국민일 보, 2018.08.18.
- 윤정아, 아빠가 돌아가셨는데, 왜 사촌오빠가 상주인가요?, 문화일보, 2020.01.22.
- 장진복, '을'이 되는 유족, 상주 못 서는 외동딸··· 이런 식이면 곤란해, 서울신문, 2021.05.12.
- 조현아, "딸만 넷인데, 딸이 상주 못서나요?"··· 서울시 '바꿔야할 의례문화' 캠페인, 뉴시스, 2021.09.06.
- 한국장례문화진흥원 웹사이트, https://www.kfcpi.or.kr/portal/home/main/main. do, (검색일: 2023.06.15)

2. 제도권 바깥

성매매 합법화하면 여자들도 좋은 거 아니야?

- 국가법령정보센터, 성매매알선 등 행위의 처벌에 관한 법률, https://www.law. go.kr/lsSc.do?section=&menuId=1&subMenuId=15&tabMenuId=81&eventGubun =060101&query=%EC%84%B1%EB%A7%A4%EB%A7%A4%EC%95%8C%EC %84%A0+%EB%93%B1+%ED%96%89%EC%9C%84%EC%9D%98+%EC%B2 %98%EB%B2%8C%EC%97%90+%EA%B4%80%ED%95%9C+%EB%B2%95% EB%A5%A0#undefined, (검색일: 2023.06.15)
- 김예리, 성산업 취재한 네덜란드 탐사 기자가 던졌던 질문들, 미디어오늘, 2019.10. 20.

172

- 김주리, 커피값, 한 달 나가는 돈이? … 韓 '커피공화국' 맞았다, 서울경제, 2022. 11. 13.
- 이영경, 최대 37조 규모 한국 사회 그림자… 그곳에 착취당하는 여성들이 있다, 경향신문, 2022. 11. 13.
- 허경미(2019), 국제앰네스티의 합의된 성매매의 비범죄화 전략, 한국법제연구원, 67-75.
- 허경미(2019), 네덜란드의 성매매 합법화의 배경과 딜레마 연구, 한국교정학회, 33-56.
- 허경미(2019), 노르딕모델 성매매정책의 딜레마와 시사점, 경찰학연구, 35-61.
- Alexi Ashe Meyers, Decriminalizing the Sex Trade Isn't the Answer-The Equality Model Is, Marie Claire, 2019. 11. 15.
- Amnesty(2016), Amnesty International Policy on State Obligations to Respect, Protect and Fulfill the Human Rights of Sex Workers, Amnesty, 1-17.
- BBCNEWS코리아, 성매매 합법화: 성매매도 직업으로 인정받을 수 있을까?, BBCNEWS코리아, 2019. 04. 27.
- Graham Ellison, Caoimhe Ni Dhonaill & Erin Early(2019), A Review of the Criminalization of Paying for Sexual Services in Northern Ireland, Quee's University Belfast

차별금지법 반대하면 차별주의자?

- YouTube, 대표발의 국회의원이 직접 설명하는 포괄적 차별금지법, https://www.youtube.com/watch?v=8Uyfc_sHgNM, (검색일: 2023. 06. 15)
- 김종일, 인권위 "국민 67% 차별금지법 찬성, 조속히 제정돼야", 시사저널, 2022. 05. 08.
- 김지혜(2019), 선량한 차별주의자, 창비.
- 김칠영, 소강석 목사 "포괄적 차별금지법은 악법 중에 악법", 뉴스파워, 2023. 01. 02.
- 송경호, 1인 시위 민성길 교수 "의사로서 차별금지법 반대", 크리스천투데이, 2023. 01. 20.
- 의안정보시스템, 차별금지법안(의안번호 2101116, 장혜영 외 9인), https://likms.assembly.go.kr/bill/BillSearchResult.do, (검색일: 2023. 06. 15)
- 의안정보시스템, 평등에 관한 법률안(의안번호 2110822, 이상민 외 23인), https://likms.assembly.go.kr/bill/BillSearchResult.do, (검색일: 2023. 06. 15)

- 의안정보시스템, 평등에 관한 법률안(의안번호 2111964, 박주민 외 12인), https://
likms.assembly.go.kr/bill/BillSearchResult.do, (검색일: 2023.06.15)
- 최상경, '동성애 · 동성혼' 법으로 인정된다면? 기본 질서 무너질 것, 데일리굿뉴스,
2023.02.05.
- 한겨레21, 차별금지법, 장혜영 의원실의 뜨거웠던 여름, 한겨레21, 2020.09.25.

법적 보호자 모셔 오세요
- 김나라, 동거가 젊은 사람들만의 문제일까요?, 오마이뉴스, 2021.04.05.
- 김아영, 비친족가구 역대 최다… "제도 변화 절실", MBC뉴스, 2022.08.06.
- 박준혁(2022), 프랑스의 PACS에 관한 연구(2006, 2016년 개정을 반영하여), 국민
대학교 법학연구소, 34(3), 115-147.
- 용혜인의원실, 가족, 결혼을 넘다: 생활동반자법 제정을 위한 국회토론회 자료집, 용
혜인의원실, 2021.08.12.
- 임재우, 없는 존재 돼버린 법외 가족들… "생활동반자법 논의할 시점", 한겨레,
2021.05.13.
- 진선미의원실, 새로운 가족, 제도의 모색: 생활동반자에 관한 법률 토론회 자료집,
진선미의원실, 2014.07.03.
- 통계청, 2022년 혼인, 이혼 통계, https://kostat.go.kr/unifSearch/search.es, (검색일:
2023.06.15)
- 한지은, 결혼하지 않고 가족이 될 수 있다면?, 연합뉴스, 2022.10.26.
- BBCNEWS코리아, 동성결혼: 대만, 아시아 최초로 동성결혼 합법안 가결,
BBCNEWS코리아, 2019.05.17.
- BBCNEWS코리아, 동성 부부: 법원, '동성 배우자도 건강보험 피부양 자격있다' …
동성커플 법적지위 인정 첫 사례, BBCNEWS코리아, 2023.02.21.
- BBCNEWS코리아, 일본 법원이 동성혼 금지가 위헌이라고 판결했다, BBCNEWS
코리아, 2021.03.17.

군대 안 갔다 왔으면 말을 하지 마!
- 가람, 여성징병제는 과연 '평등'을 가져올 수 있을까?, 전쟁 없는 세상, 2017.09.25.
- 공공데이터포털, 병무청 현역병 입영 현황(1998-2021), https://www.data.go.kr/
tcs/dss/selectDataSetList.do?keyword=%EB%B3%91%EB%AC%B4%EC%B2%
AD+%ED%98%84%EC%97%AD%EB%B3%91+%EC%9E%85%EC%98%81

+%ED%98%84%ED%99%A9&brm=&svcType=&instt=&recmSe=N&conditio
nType=init&extsn=&kwrdArray=, (검색일: 2023. 06. 15)

- 국가법령정보센터, 병역법, https://www.law.go.kr/lsSc.do?section=&menuId=1&su
bMenuId=15&tabMenuId=81&eventGubun=060101&query=%EB%B3%91%EC
%97%AD%EB%B2%95#undefined, (검색일: 2023. 06. 15)

- 김규희, 청와대 "여성징병제, 충분한 공론화 거쳐 신중하게 정해야", 여성신문, 2021.
06. 18.

- 김엘리(2021), 여자도 군대 가라는 말, 동녘.

- 김유민, 방염성 소재ㆍ방탄복 장착 …미 여군 '전술용' 브래지어, 서울신문, 2022.
08. 13.

- 김종대, 어떤 죽음의 배후, 한겨레, 2021. 08. 19.

- 도널드커크, 美 여군은 성적학대ㆍ차별과도 싸운다, 미래한국, 2021. 05. 13.

- 박준호, 여야, 잇단 軍 성범죄 사건ㆍ사망 비판… "국방장관 무능" 경질론 대두, 뉴시
스, 2021. 08. 20.

- 배진교, 군 사망 사고 395명 분석… 원인 1위는 '자살', 환경신문, 2023. 01. 10.

- 찾기쉬운 생활법령정보, 육, 해, 공군 부사관, https://www.easylaw.go.kr/CSP/
UnScRlt.laf?search_put=%EC%9C%A1%20%ED%95%B4%20%EA%B3%B5%E
A%B5%B0%EB%B6%80%EC%82%AC%EA%B4%80, (검색일: 2023. 06. 15)

- 할리나코르바, 우크라이나 전쟁: 군대에서 여성들은 어떻게 일하고 있나,
BBCNEWS코리아, 2022. 11. 20.

- Melinda moyer, A Poison in the System: The Epidemic of Military Sexual Assault,
New York Times Magazine, 2021. 08. 03.

한국에 구조적 성차별은 없습니다

- 곽재훈, 윤석열 "젊은 세대는 구조적 성차별 겪지 않고 성장했다", 프레시안, 2022.
04. 15.

- 권민재, 이슬하, 슬프지만 여성교수가 늘어나야 한다는 남성교수를 본 적이 없어요,
서울대저널, 2020. 09. 18.

- 김경욱, 역사를 기억하지 못하는 정부, 한겨레, 2022. 10. 24.

- 김영화, 이은기, 한국 사회에 구조적 성차별, 진짜 없을까?, 시사IN, 2022. 03. 08.

- 김태영, 성평등지수 1점 상승… 가사노동, 육아휴직 성평등 특히 저조, 서울경제,
2022. 02. 09.

- 김형은, 코로나19가 사회적 약자에게 미친 영향 4가지, BBCNEWS코리아, 2020. 03. 09.
- 세계경제포럼 홈페이지, Global Gender Gap Report 2022, (검색일: 2023. 06. 15)
- 여성가족부, 2021년 국가 성평등보고서, http://www.mogef.go.kr/as/asl/as_asl_s001.do, (검색일: 2023. 06. 15.)
- 유엔개발계획 서울정책센터 홈페이지, https://www.undp.org/ko/policy-centre/seoul, (검색일: 2023. 06. 15)
- 유엔개발계획 홈페이지, HDI Report, 2022, (검색일: 2023. 06. 15)
- 유엔계발계획 홈페이지, UNDP Human Development Reports - Gender Inequality Index (GII), (검색일: 2023. 06. 15)
- 이주엽, 대체 성폭력이 젠더폭력이 아니면, 한국일보, 2022. 07. 25.
- 임재우, 응급실서 확인한 '조용한 학살'… 20대 여성 자살 시도 34%, 한겨레, 2021. 05. 03.
- 임주현, 대한민국은 진짜로 '양성 평등후진국'일까?, KBS뉴스, 2022. 07. 17.
- 조선일보, 한국 국회 여성의원 비율 19%… OECD 38국 중 34위에 그쳐, 조선일보, 2022. 05. 28.
- 조선일보, 한국 남녀 임금격차 31.5%… 30년간 OECD 국가들 중 1위, 조선일보, 2022. 05. 16.
- 주제네바 대한민국 대표부 홈페이지, https://overseas.mofa.go.kr/ch-geneva-ko/index.do, (검색일: 2023. 06. 15)
- 한국보건사회연구원, 2020년 보건사회연구 콜로키움 자료집, https://www.kihasa.re.kr/search/front/Search.jsp, (검색일: 2023. 06. 15)
- 한국여성정책연구원, https://www.kwdi.re.kr/, (검색일: 2023. 06. 15)
- 홍예원, 기업 절반 이상 "기업 채용 시 남자 선호, 스펙 고득점은 여성↑", 뉴스앤잡, 2022. 05. 29.
- e-나라지표, 성불평등지수(GII) 현황, https://www.index.go.kr/unity/potal/search/search.do, (검색일: 2023. 06. 15)
- KOSIS 국가통계포털, 출생아 수 및 출생성비, https://kosis.kr/search/search.do, (검색일: 2023. 06. 15)
- Markham heid, Why Do Women Live Longer Than Men?, TIME, 2019. 02. 27.
- OECD 홈페이지, OECD Health statistics 2022, https://www.oecd.org/els/health-systems/health-data.htm, (검색일: 2023. 06. 15.)

3. 미디어의 배신

무슨 애가 이렇게 '애다운 맛'이 없어

- 김지원, 'ㅇ린이' 아동 혐오 표현 대신 존중을… 청소년 단체 어린이날 논평, 경향신문, 2021. 05. 05.
- 박선이, K-장녀, 그 무게를 걷어차라, 여성신문, 2020. 06. 21.
- 여성신문, 큰딸은 살림 밑천?, 여성신문, 2005. 05. 12.
- 이유리, 어린이다움, 어른 말 잘 듣거나 값싼 노동력이거나, 한겨레, 2021. 07. 03.
- 이유진, 살림 밑천에서 가부장제 고발자로… 'K-장녀', 서사를 입다, 경향신문, 2020. 04. 04.
- 이진송, 어른들이여, '어린이'는 건들지 말자, 경향신문, 2021. 04. 30.
- 한지연, "딸이 더 좋아"… 보육원에 남겨진 남아들, 머니투데이, 2018. 05. 22.
- YouTube, 서울우유 광고, https://www.youtube.com/watch?v=BZug213xufI, (검색일: 2023. 06. 15)
- YouTube, 서울우유 광고, https://www.youtube.com/watch?v=TYlEQg-nt0o, (검색일: 2023. 06. 15)

역시 국민 할머니!

- 김보희, '장수상회' 윤여정 "죽기 전에 배우라는 직업의 감사함을 알게 돼 다행이다", 인터뷰365, 2015. 04. 01.
- 씨네21, 윤여정, http://www.cine21.com/db/person/info/?person_id=13093, (검색일: 2023. 06. 15)
- 윤여수, 윤여정의 파란만장 배우 인생 "이혼 후 귀국… 아이들 위해 닥치는대로 연기", 스포츠동아, 2021. 03. 16.
- 정재훈, 여배우들과 K-할머니, 일코노미뉴스, 2021. 05. 03.
- 천다민, 어떻게 늙을지도 모르는데… 떨떠름한 'K-할머니' 전성시대, 한겨레, 2021. 05. 15.
- 최가을, 사랑은 힘이 세다, 잡초 같은 미나리처럼, 베이비뉴스, 2021. 03. 15.
- 한소범, '할머니다운' 게 뭔데?, 한국일보, 2021. 02. 23.

pc가 영화를 다 망쳐놨어

- 손정빈, 남성 권력·가스라이팅 통쾌한 복수… 블랙 위도우, 뉴시스, 2021. 07. 18.

- 알렉스테일러, 샹치: 마블의 첫 아시아 슈퍼히어로물의 변신, BBCNEWS코리아, 2021. 09. 03.
- 위키백과, Political Correctness, https://ko.wikipedia.org/w/index.php?search=Political+Correctness&title=%ED%8A%B9%EC%88%98%3A%EA%B2%80%EC%83%89&ns0=1, (검색일: 2023. 06. 15)
- 이혜인, 흑인 인어공주, 여성 히어로… 'PC주의'는 정말 창의성을 얼어붙게 하는가, 경향신문, 2020. 10. 10.
- 최예슬, '이터널스'의 PC… "보는 재미" vs "캐릭터 매력 못 살려", 국민일보. 2021. 11. 08.
- 한송희, 이효민(2020). 영화와 '정치적 올바름'에 관한 논쟁: 〈캡틴 마블〉과 〈어벤져스: 엔드게임〉, 〈인어공주〉를 중심으로, 언론과 사회, 5-71.
- Kevin Feige, Wants Marvel's Diversity to Be the Hollywood Norm, Not Headline News, CBR, 2021. 03. 10.
- Rachel page, SDCC 2019: All of the Marvel Studios News Coming Out of Hall H at San Diego Comic-Con, Marvel, 2019. 07. 21.

저렇게 입고 무슨 정치를 한다고

- 김미경(2015), 여성 대통령의 정치 이미지와 패션 폴리틱스 현상-Cristina Fernandez de Kirchner 사례 연구, 숙명여자대학교, 17-33.
- 김서현, 여성 의원이 어떤 옷을 입든 노동복이다, 여성신문, 2020. 08. 13.
- 김우영, 오바마의 올해 '여름휴가 도서 목록' 5권, 조선일보, 2018. 08. 21.
- 남궁민, 5년째 같은 옷… 獨 메르켈 총리의 일관된 휴가 패션, 머니투데이, 2017. 08. 03.
- 박기석, 패션도 정치다. 여성 정치인들에겐 '무기' 혹은 '굴레', 서울신문, 2016. 07. 29.
- 연합뉴스, 힐러리 패션은 왜 논란이 되나… 女정치인 패션을 보는 시선, 연합뉴스, 2016. 06. 12.
- 유인경, 여성 리더들이 입은 옷은 정치적 성명 발표와 같다, 경향신문, 2013. 04. 26.
- 이우림, 잘 입어도, 못 입어도 평가… 女정치인 '패션정치' 숨은 꼼수, 중앙일보, 2020. 08. 08.

4. 침묵하라는 클리셰

요즘 여자들 너무 이기적이야

- 신혜정, '이래서 여자 뽑으면 안 돼' 여전한 모성차별, 한국일보, 2019. 08. 09.
- 윤혜인, 임산부에 최하고과, 복직하자 직무변경 "출산휴가·육아휴직도 제대로 못 쓴다" 출산율이 바닥인 이유, 중앙SUNDAY, 2023. 03. 18.
- 조선일보 특별취재팀, 기업 채용담당자 '점수 낮아도 남자라 합격시킨 적 있다', 조선일보, 2022. 05. 13.
- 최윤아, 출산휴가 달랬더니 "퇴사해"… 흔적도 없이 쫓겨나는 임산부, 한겨레, 2021. 07. 21.
- 황정호, '출산휴가·육아휴직' 써도, 안 써도 불편… 해법은?, KBS뉴스, 2022. 08. 31.
- 2019 대한민국 양육비 계산기, http://baby.donga.com/2019-10-10-born-and-raise-receipt/01_receipt/ (검색일: 2023. 06. 15)

그러게 왜 그런 놈을 좋아했어

- 국회 의안정보시스템, https://likms.assembly.go.kr/bill/main.do, (검색일: 2023. 06. 15)
- 김정혜, 박보람, 스토킹 입법의 한계와 개선방안, 한국여성정책연구원, 젠더리뷰 2021 가을호.
- 김태규, 김태규 기자의 젠더 프리즘, 22년 만에 통과된 스토킹 처벌법 보완돼야, 투데이신문, 2021. 04. 01.
- 박수진, 스토킹을 '오죽 좋으면 그랬겠냐'고 말하는 이들에게, 한국일보, 2021. 10. 29.
- 법제처 국가법령정보센터, 스토킹처벌법, https://www.law.go.kr/lsSc.do?section=&menuId=1&subMenuId=15&tabMenuId=81&eventGubun=060101&query=%EC%8A%A4%ED%86%A0%ED%82%B9%EC%B2%98%EB%B2%8C%EB%B2%95, (검색일: 2023. 06. 15)
- 이두리, 스토킹처벌법 시행 닷새, 스토킹 범죄 단속 사례 잇달아, 경향신문, 2021. 10. 25.
- 진혜민, '스토킹 처벌법' 통과… 의원들 "뜻 깊은 순간" 환영, 여성신문, 2021. 03. 24.
- 찾기쉬운 생활법령정보, 데이트폭력, https://www.easylaw.go.kr/CSP/UnScRlt.laf?search_put=%EB%8D%B0%EC%9D%B4%ED%8A%B8%ED%8F%AD%EB%A0%A5, (검색일: 2023. 06. 15)

- 한국여성인권진흥원, 여성폭력과 젠더폭력은 무엇인가요?, https://www.stop.or.kr/modedg/contentsView.do?ucont_id=CTX000064&srch_menu_nix=QIuR8Qcp&srch_mu_site=CDIDX00005, (검색일: 2023. 06. 15)

피해자라면서 왜 저렇게 당당해?
- 김덕성, 성폭행 고소 무혐의 났다고 무고 아니야, 리걸타임스, 2020. 10. 02.
- 노지민, 성폭력 범죄 '무고' 속설 틀렸다, 미디어오늘, 2019. 07. 21.
- 뉴스1코리아, 강간 신고했지만 협박에 진술 번복한 여성…무고혐의 무죄, 머니투데이, 2018. 08. 20.
- 박민지, "불리하면 성폭행?" 남자들 걱정하는 강간죄 개정, 국민일보, 2020. 03. 08.
- 배지현, 수사매뉴얼 바꿨지만… '성폭행 신고하니 무고 수사' 여전, 한겨레, 2020. 09. 16.
- 여성가족부(2019), 2019년 성폭력 안전실태조사연구. 여성가족부.
- 윤지영(2018), 성폭력 피해자의 2차 피해 방지를 위한 형사절차법적 개선 방안 모색: 피해자의 성적 이력 사용 제한 및 역고소 남용 대응을 중심으로, 이화젠더법학, 10(1), 175-202.
- 허민숙(2016), 성폭력 무고의 재해석, 한국여성학회, 32(2), 1-29.
- 허민숙(2017), "너 같은 피해자를 본 적이 없다": 성폭력 피해자 무고죄 기소를 통해 본 수사과정의 비합리성과 피해자다움의 신화, 한국여성학회, 33(3), 1-31.
- 허진무, 대검, '성범죄 무고죄 처벌 강화' 연구 발주… 윤 대통령 공약에 발맞추기, 경향신문, 2022. 07. 04.

야, 너도 페미 해?
- 여성연합, 국립국어원 표준국어대사전의 '페미니즘', '페미니스트' 정의 관련 한국여성단체연합 의견서, 한국여성단체연합, 2015. 01. 21.
- Kathy caprino, What Is Feminism, And Why Do So Many Women And Men Hate It?, Forbes, 2017. 03. 08